L'Enchaînement des millénaires

Journal de l'an 2000

DU MÊME AUTEUR

*Maîtres chez nous. Dix ans d'*Action française, *1917-1927.* Montréal, Leméac, 1968.

Les Programmes électoraux du Québec. Montréal, Leméac, 1970, 2 tomes. Tome I : *1867-1927,* Tome II : *1931-1966.*

Rameaux de vieil arbre. Sherbrooke, Éditions Cosmos, 1973.

Édouard-Raymond Fabre, libraire et patriote canadien, 1799-1854 : contre l'isolation et la sujétion. Montréal, Hurtubise HMH, coll. « Cahiers du Québec – Histoire », 1974.

La Beauceronne, Marie à Georges à Joseph. Québec, Garneau, 1977.

Le Choix d'un pays, le débat constitutionnel Québec – Canada, 1960-1976. Montréal, Leméac, 1978.

Terre féconde. Montréal, Déom, coll. « Poésie canadienne », 1982.

L'Arche dans le regard. Québec, Garneau, 1985.

La Marche des Québécois, le temps des ruptures (1945-1960). Montréal, Leméac, 1986.

1992, l'Europe du XXIᵉ siècle. Montréal, Hurtubise HMH / Éditions Vander (Belgique) / Macmillan Publishing Co. (langue anglaise), 1988/1991.

La Francophonie : l'émergence d'une alliance. Montréal, Hurtubise HMH / Hatier (France), 1989.

La Francophonie : le projet communautaire. Montréal, Hurtubise HMH / Hatier (France) / Éditions Vander (Belgique & Suisse) / CEDA (Côte d'Ivoire) / Eddif (Maroc) / Médis (Niger) / Cérès (Tunisie), 1993.

Mondialisation, développement et culture : la médiane francophone. Montréal, Hurtubise HMH, 1995.

Des vies et des fleuves. Montréal, Hurtubise HMH, coll. « L'Arbre », 1995.

Le Pèlerin noir. Montréal, Hurtubise HMH, coll. « L'Arbre », 1997.

Une nouvelle Afrique à l'aube du XXIᵉ siècle. Montréal, Hurtubise HMH / Maisonneuve & Larose (France) / Le Figuier (Afrique subsaharienne), 1999.

Le Monde en l'an 2020, Montréal, Fides, 2000.

L'Enchaînement des millénaires – Journal de l'an 2000. Montréal, Hurtubise HMH, 2001.

JEAN-LOUIS ROY

L'Enchaînement des millénaires

Journal de l'an 2000

HURTUBISE
HMH

Données de catalogage avant publication (Canada)

Roy, Jean-Louis, 1941-
    L'enchaînement des millénaires : journal de l'an 2000
    Comprend des réf. Bibliogr.
    ISBN : 2-89428-523-X
    1. An deux mille. 2. Vingt et unième siècle. 3. Histoire – 1945- .
4. Histoire sociale – 1970- . 5. Technologie – Histoire – 20ᵉ siècle. I. Titre
CB430.R69 2001   909.83   C2001-940215-5

Les Éditions Hurtubise HMH bénéficient du soutien des institutions
suivantes pour leurs activités d'édition :
- Conseil des Arts du Canada
- Gouvernement du Canada par l'entremise du Programme d'aide au
  développement de l'industrie de l'édition (PADIÉ)
- Société de développement des entreprises culturelles au Québec (SODEC)
- Programme de crédit d'impôt pour l'édition de livres du gouvernement du
  Québec

Maquette de la couverture : Olivier Lasser
Composition et mise en page : Lucie Coulombe

Éditions Hurtubise HMH ltée
1815, avenue De Lorimier
Montréal (Québec) H2K 3W6
Tél. : (514) 523-1523 • Téléc. : (514) 523-9969
Courriel : edition.litteraire@hurtubisehmh.com

Distribution en France :
Librairie du Québec / DEQ
30, rue Gay-Lussac
75005 Paris FRANCE
Tél. : 01 43 54 49 02 • Téléc. : 01 43 54 39 15
Courriel : liquebec@noos.fr

ISBN : 2-89428-523-X

Dépôt légal : 2ᵉ trimestre 2001
Bibliothèque nationale du Québec
Bibliothèque nationale du Canada

Imprimé au Canada
www.hurtubisehmh.com

REMERCIEMENTS

À mes petits-fils, Philippe et Mathieu
qui navigueront dans le XXIe

La patience et l'enthousiasme d'Hassina Amer El Khedoud ont transformé en plaisir le labeur de l'écriture et de la réécriture de ce journal. Ben Marc Diendéré l'a enrichi de ses recherches patientes et de ses observations précieuses. Hervé Foulon, mon éditeur, et son fils, Arnaud, ont fait ce livre dans la tradition de leur maison, ce précieux mélange de curiosité et d'exigence intellectuelles, de professionnalisme et d'amitié.

À eux tous, mes plus chaleureux remerciements.

Ma reconnaissance s'adresse aussi à l'Université de Moncton qui a soutenu ce travail en m'octroyant un statut de chercheur invité et au Collège Glendon de Toronto qui m'a confié la direction de sa Chaire en études québécoises.

TABLE DES SIGLES

ACCT: Agence de coopération culturelle et technique
ACP: Afrique, Caraïbes, Pacifique
ADN: Acide désoxyribonucléique
ALENA: Accord de libre-échange nord-américain
AOL: *America On Line*
APEC: *Asia Pacific Economic Cooperation*
ASEAN: Association des nations du Sud-Est asiatique
CEA: Communauté économique africaine
CEE: Communauté économique européenne
CSA: Conseil supérieur de l'audiovisuel
EAC: *East African Community*
EUROMED: Regroupement des pays de l'Union européenne et de douze pays de la Méditérannée
FMI: Fonds monétaire international
G7: Groupe réunissant les sept pays les plus industrialisés du monde
GATT: *General Agreement on Tariffs and Trade* (Accord général sur les tarifs douaniers et le commerce)
MERCOSUR: *Mercado Común del Sur* (Marché commun d'Amérique du Sud)
OCDE: Organisation de coopération et de développement économique
OLP: Organisation de libération de la Palestine
OMC: Organisation mondiale du commerce
OMS: Organisation mondiale de la santé
ONU: Organisation des Nations unies
OTAN: Organisation du traité de l'Atlantique Nord
OUA: Organisation de l'unité africaine
PIB: Produit intérieur brut
PNB: Produit national brut
SADC: *Southern African Development Community*
UE: Union européenne
UMA: Union du Maghreb arabe
UNESCO: *United Nations Educational Scientific and Cultural Organization*

TABLE DES MATIÈRES

INTRODUCTION

Dans les espaces désormais conjugués des univers réels et virtuels se pressent les événements majeurs de la dernière année du XXe siècle. Ils assurent *l'enchaînement des millénaires*. De fortes continuités ont structuré l'an 2000, tant les mutations, même les plus radicales, se glissent dans l'immensité de l'histoire. De vraies ruptures aussi l'ont jalonné, tant les avancées scientifiques et technologiques actuelles portent loin leur retentissement dans le corps et l'âme du monde.

Ce journal privilégie *les événements dont les répercussions prévisibles marqueront le siècle naissant*. En ce sens, il ne prétend pas à l'exhaustivité. Mais la radiographie qu'il propose dégage des effets d'ensemble qui, nous l'espérons, se rapprochent d'une totalité, d'une large prise de vue sur «la maison planétaire» que nous habitons désormais.

Des événements retenus, le lecteur dégagera par lui-même et pour lui-même le sens mystérieux et lumineux de notre temps. Ce travail s'est aussi imposé à nous comme un prolongement et un approfondissement naturel. Nous en proposons ici les contenus principaux.

I.   L'expansion du champ d'observation et d'intervention de l'homme imprègne ce journal comme une donnée majeure et déterminante. En effet, l'ère digitale incorpore des sphères inédites à notre monde grâce à la conjugaison de l'intuition humaine et à l'instrumentalité technologique créatrice.

Voici à nouveau rassemblés les matériaux de la renaissance proclamés par Robert Zubin. En découvrant le nouveau monde, les explorateurs des XVe et XVIe siècles ont fait éclater les représentations matérielles et immatérielles les mieux établies. Ils ont «marqué le début de l'unification planétaire» en brisant l'ignorance réciproque des découvreurs et des découverts et en «rompant leur isolement mutuel». Leurs exploits ont permis de dresser la première carte exhaustive de notre planète.

L'expansion actuelle est certes d'une autre nature. Les sphères inédites révélées appartiennent à une autre cartographie.

– Celle du génome humain révélé en cette année 2000.

– Celle des avancées spatiales ouvrant sur la colonisation de l'espace, avancées illustrées par l'autonomie énergétique acquise en décembre par la station spatiale internationale.

– Celle du nouveau dispositif technologique de communication, véritable système nerveux planétaire, en croissance exponentielle et amplifié par la mobilité de ses composantes.

Ces chantiers inachevés éclairent des superficies jusque-là inconnues. Ils les incorporent dans l'imaginaire et le langage, les stratégies des puissances et la planification des grandes entreprises, le travail des scientifiques, des juristes et des philosophes, les préoccupations des citoyens rassemblés dans d'innombrables organisations, les références communes, les craintes et les espérances d'un grand nombre.

Les témoins et les acteurs de ces changements du monde occupent une place significative dans ce journal. Ils nous aident à comprendre ce qui advient de nos représentations matérielles et immatérielles de l'univers, à entrevoir les conditions nouvelles de l'unification planétaire et à mesurer les effets de cette nouvelle sortie de l'ignorance, de ces nouvelles ruptures avec l'isolement des composantes du vivant, de la matière et de l'espace. Chacun est conscient que ces efforts d'explication et de compréhension ont la dimension d'un prologue, les éclairages de ces sphères inédites ayant la fragilité et la puissance d'un commencement. En effet, nous venons de les incorporer à nos représentations telle une aube ouvrant sur le siècle à venir.

– De la carte incomplète et statique du génome désormais accessible depuis mars 2000, nous entrons dans sa cosmologie organique, cette plongée dans la réalité la plus complexe de l'Univers : un organisme vivant. Nous sommes au début de la recherche des stimuli les plus intimes actionnant l'immense jeu de connexions des trois milliards de paires de base d'ADN qui animent les individualités des quelques dizaines de milliards de milliards d'êtres vivants répandus sur la terre.

– De la station spatiale internationale habitée et autonome sur le plan énergétique depuis décembre 2000, nous rejoindrons vraisemblablement la planète Mars, « la maison à venir de l'humanité, le lieu de la première colonisation de l'espace et le levier pour d'autres explorations et d'autres installations, pour la maîtrise des immenses réserves des astéroïdes et pour l'appropriation des ressources énergétiques du soleil ». Selon Robert Zubin, des personnes séjourneront sur Mars d'ici 2020. Des villes s'y développeront d'ici 2050... Voici le début de l'ère spatiale, « enjeu majeur de notre temps et première phase d'une nouvelle civilisation ».

– De la taille et de la nature actuelle d'Internet, il nous faut comprendre la puissance qui s'y dissimule, prendre acte de la croissance quasi exponentielle des relais technologiques qui vont quadriller notre monde d'ici

2010. À cette date, selon l'astrophysicien Larry Smars, le dispositif scientifique planétaire comptera un milliard d'ordinateurs personnels, trois milliards de téléphones cellulaires donnant accès au réseau des réseaux et seize milliards d'ordinateurs aux fonctions les plus diverses.

Ces vingt milliards de relais ne peuvent être ramenés à une simple extension du réseau actuel, sans plus. « Voici un monde dans le monde », nous dit Smars, un nouveau dispositif aux capacités immenses, potentiellement autonome et susceptible de fonctionner à partir de « ses capacités propres ».

Telles sont très succinctement résumées, la nature et les dimensions des nouveaux champs d'observation et d'intervention ouverts à l'expérimentation et à l'intervention humaine, l'ampleur des nouvelles superficies dégagées. Tout au long de ce journal, de nombreux témoins nous guideront dans l'exploration de ces sphères inédites, matérielles et immatérielles.

II.   Dépendante notamment des avancées technologiques, la globalisation d'un grand nombre d'activités constitue le deuxième constat de ce journal, de l'investissement à l'offre éducative, des modèles d'organisation économique à la recherche de normes environnementales communes, des nouvelles possibilités d'accès au savoir aux règles présidant au commerce international.

Le reportage fiction-vérité signé par John Kay et consacré à la première société mondiale en 2010 traduit l'ample ambition de la globalisation. Il s'agit de la *Educational Corporation of America*: société en ligne, premier employeur sur le plan international disposant de relais à travers le monde et attirant une clientèle de plusieurs millions d'étudiants.

Mais l'idée d'une avancée sans obstacle, d'une marche vers un monde homogène, représentée notamment par la fameuse théorie de «la fin de l'histoire», ce raccourci des vainqueurs est mis à rude épreuve. En effet, la force des héritages, la diversité des situations, la pluralité des intérêts, les niveaux de développement et d'appropriation des technologies du temps dessinent un monde à vitesse variable. Les avancées spectaculaires des uns révèlent la distance les séparant du grand nombre.

Tout au long de ce journal, nous verrons l'Histoire se moquer de sa fin annoncée, «la rivière étant plus vieille que le chemin» selon le proverbe baoulé. Nous la verrons s'imposer à chaque saison de cette dernière année du siècle. Puissante, elle surgit du temps accompli, s'impose dans le présent, et annonce sa durée. La continuité est sa loi implacable, son dépassement une sorte de dérogation étonnante et puissante inscrite insidieusement dans sa durée.

Cette continuité manifeste est omniprésente dans ce journal, comme l'illustrent les rappels suivants choisis parmi tant d'autres:

– Voici les fils d'Abraham, les Juifs et les Palestiniens vivant le drame et la blessure millénaire d'une même terre, deux fois promise, et d'une même ville sainte, mille fois disputée.

– Voici les très anciennes arrogances des puissances à l'œuvre dans les Balkans.

– Voici le rappel de la colonisation: le premier des Algériens réclamant de la France qui le reçoit en juin «une confession des erreurs et des crimes iniques» dont son peuple a été affligé; le chef du gouvernement indien accueillant le président des États-Unis en mars par ces mots: «notre expérience du colonialisme explique notre attachement à l'indépendance de jugement et à l'autonomie de notre action».

– Voici le «génocide prévisible» du Rwanda exhumé par une enquête courageuse qui décline les intérêts et établit la responsabilité des puissances.

Mais tout au long de ce journal, les dérogations de l'histoire éclairent, elles aussi, l'actuelle marche du monde:

- Voici les enfants du Mexique brisant enfin les chaînes d'un régime de parti unique tenant en captivité le développement et la liberté, et privilégiant l'alternance politique.
- Voici le peuple d'Iran majoritaire répondant avec force aux propositions révolutionnaires l'invitant à soutenir la démocratie, l'État de droit et un régime de liberté.
- Voici les effets de l'implosion de l'empire soviétique; la fête du dixième anniversaire de la réunification de l'Allemagne; le drame de Grozny; l'élection de Vladimir Poutine, successeur des tsars et de Lénine. Et voici les enfants de la Corée, ces victimes lointaines des pandémies idéologiques européennes renouant avec treize siècles d'une histoire commune.
- Voici les puissances de l'Asie du Nord: la Chine, la Corée et le Japon cherchant à dépasser, dans une lente chorégraphie les rapprochant, leur antagonisme séculaire.
- Voici la Chine, l'immense Chine, disposant selon les analyses de l'OCDE de «l'économie la plus dynamique au monde». Ce grand pays occupe une place majeure dans ce journal, l'an 2000 marquant son entrée officielle dans la communauté internationale où il se situe naturellement au premier rang des puissances.
- Voici les prévenus de crimes contre l'humanité, Pinochet, Habré, Milosevic appelés à comparaître devant des juges internationaux.

Au-delà de ces événements, l'histoire s'impose aussi dans l'évolution des rapports entre les nations, dans leur aspiration généralisée à créer ou à conforter leurs convergences dans des communautés économiques régionales diverses par la forme et les finalités. Ces dernières redessinent la carte géopolitique du monde, celle aussi des structures de sécurité en substitution de l'héritage du siècle atteint au cœur par l'implosion de l'Union soviétique et la nouvelle situation prévalant en Asie.

– Voici l'Afrique réunie à Lomé, en juillet, et remplaçant son ancien pacte fondant l'Organisation de l'unité africaine (OUA) par un traité dit de l'Union africaine.

– Voici l'Amérique latine réunie à Brasilia, en août, et décidant la fusion de ses deux principales communautés, le MERCOSUR et la Communauté andine des nations, en préparation de l'éventuelle zone de libre-échange des Amériques.

– Voici l'Union européenne réunie à Nice, en décembre, adoptant un traité dit de «l'approfondissement» et précisant les conditions d'inclusion de quinze nouveaux membres.

– Voici la Chine proposant aux dix pays de l'Asie du Sud-Est, membres de l'ASEAN, plus le Japon et plus la Corée, la mise en place d'une zone de libre-échange les réunissant dans une éventuelle communauté économique qui serait, sans aucun doute, la plus importante du monde.

Ces grands mouvements trouvent normalement leur place dans ce journal. Mais à eux seuls, malgré leur importance et leur signification manifestes, ils n'épuisent pas la complexité des rapports internationaux au début du XXIe siècle.

Depuis 1990, le thème de la globalisation s'est imposé dans la représentation et l'aménagement du monde. Certes, «la mécanique de l'intégration semble inexorable». Mais il apparaît, tout au long de ce journal, que les avancées de la globalisation sont désormais soumises à des exigences et à des impératifs majeurs. Ses «apologètes» ne sont plus seuls maîtres des débats. Ses architectes sans contradiction. La délibération s'est imposée à nouveau et les finalités mises en débat. Des coalitions puissantes faites d'organisations non gouvernementales, d'associations consuméristes, de regroupements syndicaux, de défenseurs des droits de l'homme se sont créées. Leur action apparaît solide et efficace. Certaines de ces alliances sont anciennes; d'autres nouvelles, telle cette Marche des femmes née au Québec et désormais présente dans plus de 180 pays.

Après la décennie euphorique, si profondément empreinte de l'éclatante victoire de l'idéologie libérale, sa parade théorique, juridique et institutionnelle, sa propagande planétaire et ses promesses d'inclusion exemplifiées notamment par certains textes extravagants de l'OCDE, voici à nouveau le temps de la réalité et de la complexité du monde, voici à nouveau affirmés « les deux courants de l'âge moderne », les passions indissociables de la liberté et de l'égalité.

Certes, l'idée de la liberté économique et l'efficacité dans la production des biens et des richesses qu'elle recèle constituent un pôle de ralliement incontestable, de Pretoria à Moscou, de Beijing à Mexico. Mais ce pôle apparaît aujourd'hui porté par des courants divers. Ses requêtes excessives, autonomie absolue de la circulation des capitaux, extension des règles du commerce à l'ensemble des activités humaines, autorégulation des acteurs de la vie économique et réduction massive des missions et fonctions des pouvoirs publics, sont soumises à la critique et aux propositions d'un grand nombre. Ceux-là rappellent que la liberté économique n'est pas le tout de la liberté, que le développement économique n'est pas le tout du développement. Ils souscrivent à l'affirmation de Charles Taylor et conviennent avec lui que « l'idée que les sociétés modernes peuvent être gouvernées selon un seul principe, qu'il s'agisse de planification collective ou du libre jeu du marché, aurait dû mourir avec le communisme ».

L'an 2000 constitue un formidable révélateur des rapports de force qui désormais sont à l'œuvre pour infléchir les contenus de la globalisation et pour fixer sa représentation plurielle dans les faits et dans les esprits.

– En cause et en débat depuis Seattle (décembre 1999), mais relayé par les conférences de Bangkok (février 2000), de Washington (avril) et de Prague (octobre), l'agenda de la négociation commerciale multilatérale. Ce dernier ne convient pas à une majorité des pays du monde et est contesté par un collectif imposant d'acteurs de la société civile national et international.

– En cause et en débat, la contradiction entre les requêtes des pays industrialisés visant la plus grande ouverture des marchés du monde et leur propre politique protectionniste, leurs requêtes aussi pour la réduction massive de la puissance publique partout dans le monde alors qu'ils l'utilisent massivement pour conforter des secteurs traditionnels de leur production et leur positionnement dans la nouvelle économie.

– En cause et en débat, la nature des interventions des institutions multilatérales internationales et la lenteur de leur réforme, institutions qualifiées de «caduques» par Kofi Annan dans l'un des textes majeurs de l'an 2000, «Nous les peuples»... publié en juin sous sa signature.

– En cause et en débat, les contenus des nécessaires actions communes dans un grand nombre de domaines premiers: du réchauffement de la planète et de ses conséquences dramatiques actuelles et virtuelles, et qui n'ont pu trouver leur résolution à la conférence de La Haye en décembre, à la pénible et récurrente rhétorique concernant les remises des dettes extérieures publiques des pays les plus pauvres, rhétorique rarement suivie d'effets et reprise tristement au G7 en juillet.

Contrastant avec ce chapelet d'échecs, des négociations qui ont abouti: celle donnant contenu au traité sur la biodiversité de 1992, à Montréal, fin janvier; celle concernant la criminalité internationale conclue à Palerme en décembre, celle renouvelant la politique de coopération entre l'Union européenne et les pays en développement de l'Afrique, des Caraïbes et du Pacifique (ACP) finalisée en juin à Cotonou.

En cause et en débat, les effets de la globalisation sur les économies faibles du monde et la thèse libérale voulant que « les pays non-membres de l'économie globale » soient tirés vers le haut par le mouvement d'ensemble.

Cette thèse est mise à mal par les résultats économiques eux-mêmes, les analyses de la Banque mondiale (avril et septembre), les interventions du secrétaire général des Nations unies (juin), celles du président de la Banque mondiale (avril et août), celle du directeur général du FMI (février) et les déclarations d'économistes libéraux de grand renom, Robert Barro (mars) et Jeffrey Sachs (avril), les économistes vedettes de l'Université Harvard, Gael Fosler, principale économiste du *Conference Board* (avril) et Joseph Siglitz (avril), économiste en chef démissionnaire de la Banque mondiale. De leurs analyses convergentes, on peut tirer les enseignements d'ensemble suivants :

– La globalisation maintient et creuse les écarts entre les pays riches et les pays pauvres du monde.

– La globalisation maintient et creuse les écarts entre les catégories fortunées et les catégories démunies au sein des pays.

Selon les termes mêmes de la Banque mondiale (septembre), ce n'est pas la richesse qui se déploie dans le monde en ce début du XXIᵉ siècle, c'est la pauvreté qui gagne, et avec elle l'absence de pouvoir et de voix.

Ce sont aujourd'hui 2,6 milliards de personnes, 3,5 dans dix ans, qui vivent avec deux dollars ou moins par jour, dont 50 % dans des conditions d'extrême dénuement. Ce positionnement inquiète pour aujourd'hui et pour demain en raison notamment de l'enrichissement démographique annoncé, de 5,9 milliards de personnes en 1990 à 8,05 milliards en 2020 (projection médiane), enrichissement qui touchera à peine les pays dits développés (de 1,2 à 1,38 milliards) mais qui rejoindra massivement les pays en développement (de 4,04 milliards à 6,68 milliards, dont près de deux milliards auront moins de 20 ans). Certes, les supports de l'investissement, de la production et du commerce ont connu des mutations spectaculaires depuis une décennie et la nouvelle économie s'installe entre le doute des uns et la certitude des autres.

De l'ordre de 1100 milliards en l'an 2000 comparativement à 200 milliards en 1990, l'investissement privé commande la puissante machine avec l'innovation, son jumeau identique. De plus, la capitalisation d'un grand nombre d'entreprises fusionnées — on pense ici notamment à *AOL–Time Warner* et à *Vivendi–Seagram* parmi tant d'autres — dépasse le PNB d'une majorité des pays du monde. Enfin, des marchés anciens et solvables sont fortement stimulés par la gamme de produits et de services découlant des technologies de l'information, et de nouveaux marchés s'ouvrent. On pense ici à la téléphonie en Chine qui, de cinquante millions d'unités en 1990, pourrait atteindre le demi-milliard en 2010.

Si spectaculaires qu'elles soient, ces avancées n'ont pas altéré la division structurelle du monde toujours si dangereusement partagé entre des zones d'innovation, de développement et de croissance exceptionnelle, et d'autres, immenses, de l'Amérique latine à l'Europe centrale et de l'Est, de l'Afrique subsaharienne à l'Asie du Sud où s'agrandit le peuple des démunis.

À la vérité, la victoire de l'économie de marché est inachevée. Pour être durable et parachevée, il lui reste à démontrer sa capacité à satisfaire les besoins humains d'un plus grand nombre. L'effondrement des régimes marxistes s'explique par leur incapacité à instaurer une gestion transparente, à produire et à répartir équitablement la richesse, à reconnaître la fécondité des débats publics, à prendre en compte les héritages spirituels de la famille humaine. En clair, les décideurs ont spolié la part de transcendance et d'espérance si prégnante à l'origine du socialisme scientifique, tant dans ses sources que dans ses finalités.

Part de transcendance et part d'espérance !

Pour un temps dont la durée est imprévisible, le libéralisme porte désormais seul le fardeau de la preuve comme fiduciaire du vaste domaine du désir et des besoins humains. Il ne bénéficie plus des ambiguïtés de la concurrence idéologique dominant dans le dernier siècle, de l'intense production de pensées et de recherches stratégiques, de l'innovation commandée notamment par la performance « appréhendée » du grand adversaire.

Son positionnement a changé de nature. Il n'est plus ce système contre un autre système. Pour l'heure, il est ce système sans un autre. À son vieil et solide arsenal du côté de la liberté, il doit désormais adjoindre celui de la solidarité, de l'égalité, de la justice, du partage des richesses du monde. À son enracinement dans la zone atlantique, enrichi de quelques îlots aisatiques, il doit substituer l'horizon universel. En effet, les attentes d'un niveau convenable de bien-être constituent aujourd'hui l'une des choses du monde les mieux partagées.

Une question centrale lui est posée tout au long de ce journal. Que lui faut-il devenir pour être une voie diversifiée d'organisation du monde, pour incarner fortement et durablement cette part de transcendance et d'espérance, l'une et l'autre moteur premier de l'aspiration humaine ?

Par l'ampleur des mutations qui la changent intérieurement et lui assurent un statut de puissance régionale et mondiale, la Chine occupe une place centrale dans ce journal. On la retrouve dans tous les grands débats : de la réforme des institutions internationales, y compris les Nations unies, à la mise en place de la plus grande communauté économique régionale regroupant les pays membres de l'ASEAN plus le Japon et la Corée; de la politique de coopération à la réaction au projet américain de système national de défense antimissile; des choix géopolitiques concernant l'accès aux ressources énergétiques à la défense des souverainetés en opposition aux nouveaux droits dont celui d'ingérence. Acquise cette année, son entrée à l'OMC constitue un événement considérable compte tenu de l'ampleur de son marché, le premier en matière de télécommunication avant la fin de la présente décennie, le second après l'Amérique en matière d'investissement et aussi de besoins énergétiques. Louangés par les organisations internationales dont la Banque mondiale et le FMI, les changements découlant de sa nouvelle politique font de la Chine le premier laboratoire économique et social du monde tandis que le renouvellement de son leadership politique en 2002 constitue l'un des dossiers géopolitiques majeurs du début du siècle.

Ce positionnement est-il susceptible de déplacer le centre économique du monde de la zone atlantique vers celle du Pacifique, comme le prétend Lee Kuan Yew, le ministre senior de Singapour? Est-il susceptible de faire vaciller la prépondérance de la zone transatlantique posée par des économistes américains comme l'économie dominante du monde au XXIe siècle? Que ces questions puissent être posées raisonnablement indique la réalité de la puissance chinoise «qu'aucune autre coalition ou combinaison des économies asiatiques ne pourront contrebalancer», selon le père de Singapour.

L'élection de George W. Bush à la présidence des États-Unis et l'installation d'une nouvelle administration républicaine ont déjà fait varier le vocabulaire concernant les rapports des États-Unis avec la Chine. Mais la thèse géopolitique d'Henry Kissinger s'imposera vraisemblablement voulant que les États-Unis ne soient pas dans une position lui permettant de dicter le calendrier global et que pour préserver l'équilibre du monde, Washington ait besoin de partenaires. En Asie, ces derniers sont la Chine et le Japon.

III.   Enfin, puisqu'il faut choisir, ce journal de l'an 2000 éclaire le champ de la responsabilité humaine au début du XXIe siècle. Par fragments significatifs, nos témoins dégagent les risques et les limites du statu quo. Ils plaident pour la novation politique, la consolidation et l'extension du droit, l'exigence normative et éthique, et notamment dans les sphères suivantes :

– Rénovation de « la gouvernance au niveau mondial » et réforme des institutions multilatérales internationales. Reflétant « la répartition du pouvoir et des alliances de 1945 », ces dernières, au dire même de ceux et celles qui les dirigent, ne sont plus aptes à remplir adéquatement les mandats qui leur sont confiés. Bref, le système international est inopérant, ses outils « caducs » selon Kofi Annan. Ce système n'est plus en mesure de maîtriser les flux nouveaux, de l'économie à la criminalité transnationale, qui se déploient dans le monde. Ses structures de décision, mises en place en un temps où plus de 50 % des pays actuels n'existaient pas, où la famille humaine comptait deux milliards et demi de personnes, où dominaient les choix économiques nationaux et où l'écologie était « une branche dormante de la biologie », ne sont plus en mesure d'arrêter les politiques requises par l'émergence de la mondialisation et la montée d'une « société internationale incivile ». Selon le secrétaire général des Nations unies, des conglomérats mondiaux du crime profitent des technologies de pointe pour se livrer dans le monde entier au trafic de drogues, d'armes, de métaux précieux et d'êtres humains.

– Consolidation et plein respect de normes partagées dans de nombreux domaines premiers : du rétablissement des équilibres naturels à l'action nécessairement commune pour prévenir la pénurie d'eau douce à l'échelle de la planète, de la satisfaction des besoins énergétiques dont la croissance sera exponentielle à la maîtrise du commerce des armes stratégiques, nucléaires biologiques et chimiques.

– Extension du droit au monde virtuel comme l'a réclamé notamment le puissant Bureau américain réuni à Londres en juillet.

– Recours au principe de précaution en vue de prévenir les effets néfastes d'une action prématurée dans des domaines vitaux: interventions sur le vivant — végétal, animal et humain — rendues possibles par la puissance nouvelle de la biotechnologie.

Certains, profondément inquiets de ce qu'ils ont créé et de ce qui vient, proposent des moratoires visant à suspendre dans certains cas, à contenir dans d'autres, les effets des avancées technologiques actuelles. Dans le numéro d'avril de la revue *Wired*, Bill Joy publie l'un des textes majeurs de l'année 2000. Sous le titre « Pourquoi l'avenir n'a pas besoin de nous? », il dresse un inventaire alarmant des effets des technologies les plus avancées: robotique, génie génétique et nanotechnologie, dont les évolutions, à son jugement, risquent de faire basculer la famille humaine dans la catégorie des « espèces menacées ». Dans le même esprit mais sur un ton moins alarmiste, Seth Shulman dresse, dans le numéro de septembre de la revue *Technology*, une typologie des conditions d'obtention des brevets sur le génome visant à maîtriser les technologies reproductives et à encadrer l'ingénierie de la vie.

– L'inclusion de ceux qui, innombrables, restent en marge de la troisième révolution industrielle et des bénéfices économiques qu'elle procure. Constatant que la division brutale dans le développement se creuse, nos témoins s'inquiètent qu'une si longue période de croissance à l'échelle mondiale n'ait aucune prise sur les sociétés en développement et accentue les disparités.

Cette exclusion est exemplifiée notamment par ces millions d'immigrants attirés par «l'eldorado occidental». Sans statut, ces derniers empruntent les routes du monde pour y accéder. Nous les retrouverons dans ce journal quittant l'Asie du Nord et du Sud, l'Amérique latine, l'Europe centrale et l'Afrique dans un mouvement considérable qui pourrait s'amplifier si les conditions économiques et sociales de ces vastes régions devaient se maintenir en l'état ou se dégrader davantage. Haussée à la hauteur d'un vaste commerce, l'immigration clandestine constitue un reflet des tensions croissantes qui risquent, à terme, de forcer la zone développée du monde à se redéfinir comme un camp retranché où domineraient la force, la répression et la négation des droits.

Ce journal donne aussi la parole aux individus dont les réflexions et propositions éclairent les destins d'un grand nombre.

Voici Lamine Sall, l'écrivain sénégalais, appelant l'Afrique à respecter « les règles sacrées » de la démocratie et fustigeant tout ce qui, sur le continent, fait le lit du sous-développement.

Voici Rosemarie Kuptanu, la leader inuite, affirmant « que sa petite ville de Sach Harbor s'enfonce » et que « les événements de l'Arctique sont prémonitoires de ce qui adviendra dans d'autres régions du monde si rien n'est fait pour guérir les sites naturels des maladies des hommes ».

Voici Robert Barro, l'économiste vedette de l'Université Harvard, constatant que l'ouverture des frontières nord-américaines a conduit « à la dégradation de la situation des plus pauvres au Mexique ».

Voici l'éminent juriste tunisien Mohamed Charfi concluant que « l'Islam est une philosophie, une spiritualité et une morale. En faire une série de règles juridiques, c'est la rabaisser. »

Voici Nadine Gordiner adressant au monde, depuis Johannesburg, un message concernant le sida, « la première menace mondiale», et exprimant avec force son souhait ardent du refus de vivre avec la pandémie «et de regarder nos contemporains souffrir et mourir».

Voici Gao Xingdian, l'écrivain chinois en exil de tous les systèmes, faisant escale à Stockholm pour y recevoir le Nobel de littérature 2000 et plaidant pour «la sauvegarde spirituelle de l'Homme».

Voici Jean-Paul II en Israël et en Palestine privilégiant le témoignage plutôt que la spéculation et exhumant de l'histoire «l'écho des lamentations d'un si grand nombre» à Auschwitz et en tant d'autres lieux en Europe, de même que les tourments du peuple palestinien «présents aux yeux du monde».

Au terme de ce travail exigeant et passionnant, une conviction s'est imposée à nous. La recomposition actuelle du monde et les rapports entre les univers réels et virtuels mettent à mal nos représentations de ses «divers passés» selon l'expression d'Octavio Paz, de ses divers avenirs aussi. Une immense énergie fonde la réalité et la solidité du monde humain. Elle surgit à chaque saison de cette dernière année du XXᵉ siècle. Avec elle s'imposent le mystère infini de la diversité constitutive du monde, le fait aussi que cette dernière est plus durable que les tentatives et les tentations de sa liquidation dans l'histoire. En ce sens, les millénaires s'enchaînent. Ils ne se succèdent pas.

Jean-Louis Roy
Montréal, janvier 2001

JANVIER

Une trêve dans nos frénésies.

La fête est belle, commune en apparence, éphémère
en substance. C'est la fête du premier jour de l'an 2000
portée à travers le monde par la technologie triomphante
du siècle et les montages de consortiums mondiaux créés
pour l'occasion.

Cette fête met en parallèle la douce lumière de
l'archipel des îles Chatham accueillant le premier jour et
celle, splendide, de Kanniya Kumari où fusionnent la mer
d'Arabie, le golfe du Bengale et l'océan Indien.

Immémoriaux, des rites raffinés célèbrent Surya, le
Dieu soleil de l'hindouisme. Des îles Chatham surgit une
image des origines, de même qu'une longue ligne lointaine couleur feu entre la fin du siècle et l'horizon du prochain millénaire. Ailleurs, les fréquences se font liantes
entre des espaces infinis et la mer immédiate recouverte
d'une dentelle de lumière, diaphane et fuyante.

Ces images éblouissent. Celles-là et toutes les autres.
Celles, imprévues, des rythmes latinos au cœur de Séoul;
celles, surréalistes, des musiques flottantes sur les fleuves
d'Argentine; celles, fragiles, des enfants des Balkans
célébrant l'harmonie du monde; celles, martiales, venues
de Saigon.

Voici l'alignement des lumières sur la haute muraille de Chine à la façon des lampes du Divali telles qu'elles sont évoquées dans le Ramayana ancestral. Voici le Panthéon meurtri et superbe scintillant dans la nuit d'Athènes. Voici le plus vieux temple de Tokyo offrant au monde son mystère insulaire.

Voici les pyramides bombardées au laser, majestueuses et indifférentes face à une agression si futile.

Les millénaires anciens s'imposent, avec les rites nés dans ces temps lointains, les œuvres construites pour les accompagner et le sacré qu'elles incarnent. Ils pointent tous dans leur splendeur physique en direction de l'autre dimension de la vie. Ils sont « les vêtements immatériels de l'histoire », les témoins impassibles de nos recommencements.

Nous voici projetés dans le temps court. Berlin, la véritable capitale de l'Europe à venir, choisit de nous montrer le millénaire à travers sa porte grandiose. À Paris, la tour Eiffel entre dans une transe lumineuse. À Londres, la Tamise se mire dans un miroir étincelant. À Washington, l'obélisque se sépare pour un instant de son socle telle une fusée ardente et sédentaire. À *Times Square*, on ajoute lumière sur lumière sans faire disparaître tout à fait sa laideur et son charme unique. À Rio, un éclair danse sur les eaux de la célèbre baie, se réfugie pour un instant bref sur le fameux pain de pierre puis revient sur la longue plage de Copacabana qu'elle embrasse.

Entre ces témoins de la très longue durée et ces images de périodes plus récentes, l'Afrique se glisse. Elle se présente au monde comme un continent de l'esprit.

Voici l'île de Gorée, perdue dans sa mémoire terrible et ceinturée d'une lumière fragile. Dans son centre élevé, un mémorial doux comme une plaidoirie et beau comme un pardon.

Voici Robben Island dans sa nuit insoutenable, une simple bougie dans la cellule de Mandela, et le célèbre prisonnier revenu dans sa prison où la plus haute exigence humaine a surgi de la plus dégradante des politiques du siècle.

Ainsi se déroule sur les écrans du monde le premier jour de l'an 2000.

Il n'en restera rien demain. Toutes ces beautés éphémères s'effaceront des mémoires. Les marchands mettront en vente cet exceptionnel film sans scénario, sinon l'inoubliable démonstration de la pluralité de la famille humaine depuis les temps les plus anciens jusqu'à ceux annoncés par cette fête. Il faut célébrer ce moment unique, cette trêve de Dieu dans nos frénésies. Elle a fait apparaître un fragment de la vérité du monde et de son indestructible diversité.

Ce premier jour s'achève. Nous voici à Shanghai sur la célèbre promenade séparant la vieille ville de la mer. Une caméra s'attache à l'image simple et inoubliable d'un vieux couple. Un visage de femme lisse et jeune sur un corps vieux; un visage d'homme fissuré, une casquette de laine beige pour lui, un chaud manteau de drap noir pour elle. Dans le grand froid de l'histoire, ils fixent ensemble l'inconnu du temps et se réjouissent apparemment des lumières fugaces qui, à Shanghai et partout dans le monde, ont illuminé ce moment unique annonçant *l'enchaînement des millénaires*.

DIMANCHE 2 JANVIER

Déjà le nouvel an se moque de nos angoisses.

L'homme a toujours été inquiet des conséquences de ses inventions. Souvent sa marche a été freinée par la peur de mettre les pieds dans les pièges qu'il a semés dans le monde. Cette fois, la peur est planétaire et son objet inédit: il s'agit d'un doute radical sur le passage du système informatique mondial entre hier et aujourd'hui, entre les symboles mesurant le temps.

Décrite avec un luxe de précisions et de certitudes, la fameuse épidémie électronique n'a pas eu lieu. Les maillons les plus faibles de la chaîne et les autres ne se sont pas défaits.

Comme hier, la carte du monde défile à nouveau. Rien à signaler en Asie, en Afrique, en Europe et en Amérique. Les millions de cadrans et de systèmes réglant nos vies et le monde intègrent le fameux chiffre. On cherche l'exception, mais sans succès. On suppute les dérèglements à venir, demain peut-être, le 29 février sûrement!

Certains sont désolés. On pense aux braves citoyens qui ont empilé des vivres pour des années, quatre cents boîtes de hamburgers, cent soixante-quinze livres de pâtes, cinquante savons, un générateur, un lot de médicaments pour un seul ressortissant du Wisconsin. La maladie appréhendée de la mécanique informatique a fait l'objet d'une campagne gigantesque dans tous les médias du monde. On peut comprendre cette prise de précautions aujourd'hui dérisoire.

Le monstre a-t-il été maîtrisé, ses fragilités confortées par les investissements colossaux consentis?

S'agit-il plutôt d'une vaste manipulation marchande, d'une formidable mise en scène au profit des firmes de consultants et des corporations de chirurgiens de l'ancêtre de l'intelligence artificielle?

Le débat est ouvert. Il porte notamment sur les capacités de prédire, d'anticiper, de voir loin dans le temps.

La grande peur a duré une décennie. Elle a mobilisé experts, journalistes, politiques et voyants de tous genres. Elle a coûté des milliards de dollars pour mourir tristement dans les toutes premières heures de l'an 2000. L'écroulement annoncé des supports technologiques devait frapper un grand nombre d'activités, de la fourniture d'énergie et d'eau aux transports aéroportés, de la livraison des services sociaux à la comptabilité des entreprises, de la sécurité nucléaire à l'inventaire de l'univers. C'est assez dire l'ampleur de nos asservissements et l'étendue de nos dépendances à un système nerveux technologique rythmant le corps et l'âme du monde. Là où on attendait la technologie, c'est la nature qui s'est imposée : tremblements de terre en Turquie, en Grèce et à Taiwan ; typhons à Hong Kong et au Japon ; tempêtes violentes en Europe et notamment en France. Dévasté, le parc de Versailles. Déracinés les arbres centenaires longeant la Seine. Arrachées, les toitures des vieux châteaux. À ces images cauchemardesques s'ajoute la désolation sur les côtes souillées à la suite du naufrage en mer de l'Erika, ce pétrolier archaïque.

Cinq cent mille oiseaux meurent. D'autres sont rescapés, nettoyés, soignés et protégés grâce à une forte mobilisation à l'échelle de l'Europe.

Plus au nord, isolés et ignorés, des vieux, des infirmes, des enfants se terrent dans les caves de Grozny, trop faibles pour emprunter « les corridors de la liberté » tracés pour eux par une aimable armée russe dans le feu de la guerre et les résonances de la torture. Dans l'information de ce jour, les oiseaux souillés de pétrole ont préséance sur les citoyens russes pétrifiés dans le froid des corps et l'effroi des esprits.

La fête planétaire apparaît déjà bien lointaine.

MARDI 4 JANVIER

L'homme a présidé à l'une des plus extraordinaires liquidations de l'histoire moderne, conduit l'une des mutations les plus spectaculaires du siècle, mis fin à l'impulsion lancée dans le monde par Lénine et cherché à recréer la « sainte Russie » dans des conditions les plus adverses. Le destin de Boris Eltsine déborde les images désolantes d'un vieux clown incohérent et erratique qu'il a souvent données de lui-même. Il appartient à la courte liste des géants de notre temps. Il vient de s'éclipser sans éclat mais avec dignité dans une espèce de logique imparable qui lui fait dire aujourd'hui qu'il n'est plus l'homme de la situation et qui lui faisait dire hier que le socialisme démocratique et l'idéologie communiste étaient devenus stériles, incapables d'innerver l'évolution de son pays et du monde.

Une autre architecture naîtra dans le temps dessinant à nouveau les rapports de puissances dans le monde. Ceux qui ont façonné notre siècle se sont écroulés et avec eux le rôle central de la Russie et de son empire.

Des causes multiples expliquent cet affaissement. Boris Eltsine a le grand mérite de l'avoir reconnu, accepté et dépassé, d'avoir conduit une transition impossible en préservant le monde des effets catastrophiques d'un positionnement orgueilleux d'une puissance certes éclatée mais encore capable d'agir.

Au vide créé par la suffocation d'un système politique opaque, il a substitué les valeurs de la démocratie.

À la vacuité créée par la ruine d'un système économique débordé, il a substitué les exigences de l'économie de marché.

À la logique des blocs et de l'opposition systématique à l'Ouest, il a substitué une politique de convergences qui lui a valu l'appui des puissances occidentales et un demi-siège au G7.

Ces passages sont coperniciens. Ils ne sont pas achevés. Ils sont coûteux à maints égards. Désormais inscrits dans l'histoire, ils sont sans doute irréversibles.

Certains dressent un bilan négatif de la présidence de Boris Eltsine. Ceux-là alignent des faits et des mots pesants. Ils évoquent le chaos terrible qu'est devenue la grande Russie sinistrée, déstructurée, appauvrie, marquée par la corruption, la dégradation des niveaux de vie et la régression de l'espérance de vie. Certes, la situation matérielle de la Russie est dramatique. La production s'est effondrée, le PNB a fondu de moitié et avec lui le pouvoir d'achat dans une même proportion.

Pouvait-il en être autrement compte tenu de l'héritage reçu et des effets massifs de l'implosion du grand empire ? compte tenu aussi de la vétusté de son appareil de production ? compte tenu enfin des évolutions du monde qui échappaient à Moscou ?

Dans une remarquable analyse produite pour le président Clinton, John Gibbons a résumé comme suit l'état des lieux en Russie au début des années 1990 :

> Les technologies de l'information auront été l'élément le plus déterminant de l'effondrement de l'économie soviétique; les technologies de l'information c'est-à-dire les nouvelles façons de traiter et d'assurer la circulation de l'information dans un marché globalisé. Ces puissances nouvelles ont limité les capacités de l'économie soviétique à compétitionner avec l'économie de marché. Alors tout le système s'est effondré.

On ne saurait sous-estimer l'ampleur des changements que suppose, pour une société de cette taille et avec son histoire, le passage d'une économie totalement planifiée à l'économie de marché.

Réduite au tiers de son territoire, chargée d'une dette au terme d'un partage qui ne l'avait pas avantagée, disposant d'un appareil de production désuet et intégralement public, sans capital privé, sans institution financière et système bancaire autonome, sans entrepreneur fonctionnant à partir de la logique de l'économie libérale, la Russie ne pouvait pas, en un temps bref, réussir une mutation si spectaculairement vaste.

Aurait-elle dû résister aux pressions occidentales et à la théorie de l'ajustement rapide soutenue par la Banque mondiale et le Fonds monétaire international ?

Certains évoquent le modèle chinois. La comparaison ne semble pas très raisonnable. En effet, contrairement à l'URSS, la Chine n'a pas implosé et elle n'a pas eu à se réinventer comme État, territoire et population. Boris Eltsine a présidé à une tranche de l'histoire de son pays d'une extraordinaire complexité. Il l'a vu imploser comme empire. Il a vu l'idéologie qu'il incarnait et le puissant modèle socio-économique qu'il déployait se dissoudre. Ces implosions ont fait voler en éclats une science de l'histoire, une conception des rapports entre les hommes et un guide pour l'action. Ces derniers reposaient sur une vision de la totalité de l'humanité et l'idée que les sociétés peuvent être gouvernées selon un seul principe. Boris Eltsine a compris que ce monde-là était devenu obsolète. Il a cherché à inscrire le destin de la Russie dans une nouvelle logique, effectuant ainsi une rupture radicale avec son positionnement dans l'histoire et dans le monde tout au long du XXᵉ siècle.

VENDREDI 14 JANVIER

Depuis 33 ans, les gouvernements de Tel-Aviv et de Damas ont résisté aux plus pressantes exhortations et repoussé toutes les demandes, celles de Moscou et celles de Washington, visant la reprise des contacts entre les deux capitales. Les voilà aujourd'hui réunis, Ehoud Barak, le chef du gouvernement d'Israël, et Farouk Sharoua, le ministre des Affaires étrangères de Syrie, dans une ferme à 105 kilomètres de Washington.

L'événement est considérable. La négociation engagée sera sans doute longue et ardue. Mais demain ou dans dix ans, elle rétablira les frontières d'avant la guerre des six jours de 1967.

Selon Shimon Peres, cette négociation s'inscrit dans une évolution inexorable, dans ce passage obligé aujourd'hui «de la notion d'État à celle de communauté». Pour l'homme d'État, l'avenir de la région doit être pensé et préparé dans cette perspective: «une sorte de Benelux entre la Jordanie, la Palestine et Israël élargi par la suite à d'autres partenaires régionaux».

Shimon Peres a raison. Ces dernières décennies, nous avons vu un changement profond et rapide du grand mouvement qui depuis quatre siècles a présidé à l'émergence, à la consolidation et à la défense des nations du monde. Nous voyons ces dernières, dont la cohérence tenait en partie à leur antagonisme avec des peuples voisins, entrer avec eux dans des alliances politiques nouvelles, créer en commun des espaces économiques inédits, se doter d'institutions communes et se soumettre à un droit communautaire prépondérant.

Tel est le cas pour les nations rivales de l'Europe jusqu'à l'abandon récent de leurs monnaies, ce symbole privilégié de la souveraineté ancienne. Le modèle variable s'est répandu sur l'ensemble de la planète. De l'Association des nations du Sud-Est asiatique, créée contre le Vietnam et qui l'inclut désormais, à la *South African Development Community* créée contre l'Afrique du Sud et qu'elle a rejoint en 1995. Du MERCOSUR, la plus grande communauté des pays dits en développement, aux diverses communautés économiques africaines qui se substituent graduellement à l'absurde carte coloniale du continent.

Au moment même où se pose si tragiquement la question de la cohabitation des sociétés nationales au sein d'une même entité politique, on assiste à la planification des mégacommunautés de la seconde génération:
- Zone de libre-échange pour les pays américains et européens de la zone atlantique.
- Zone de libre-échange des Amériques regroupant les cinq communautés économiques de l'hémisphère.
- EUROMED: regroupant l'Union européenne et douze pays de la Méditerranée.

– APEC : liant les pays d'Asie, d'Amérique aux autres pays riverains du Pacifique.

– Communauté économique africaine regroupant les cinq communautés régionales du continent.

Observant l'ensemble des mouvements en cours entre la Chine, le Japon et la Corée, certains y décèlent les signes annonciateurs de l'établissement à terme d'une grande communauté de l'Asie du Nord. Pilier d'une éventuelle mise en convergence des trois grandes régions asiatiques, elle découlerait d'une association volontaire d'États sans équivalent dans l'histoire puisqu'elle regrouperait 50 % de l'humanité.

Certains voient dans ces nouveaux espaces politiques et économiques et dans leur interaction les formes de la construction du monde au prochain siècle, les lieux des vraies convergences et des vraies divergences. Ils observent la montée de cette architecture comme un acquis considérable pour la délibération, la médiation, la stabilité, la croissance et le développement. Bref, l'émergence de zones mieux ajustées à la pluralité du monde.

Au-delà des appréciations contrastées des uns et des autres, on ne peut que constater le renversement spectaculaire accompli en quelques années : le remplacement des barrières, voire des oppositions anciennes entre États voisins, par une politique affirmée de recherche, de convergence et d'intégration.

Cette généralisation des communautés régionales annonce une mutation dans la négociation internationale, la recomposition des forces de négociation, un dépassement de l'ancienne fragmentation qui laissait un grand nombre d'entre elles sans moyen pour défendre leurs intérêts et leur conception des choses. La négociation pourrait être plus âpre dans les prochaines années, parce que plus représentative.

De toute évidence, la nouvelle structuration du monde en communauté régionale et en communauté internationale a fait et fera évoluer le droit, devenu à la fois l'un des tout premiers objets de la négociation internationale et sa structure de plus en plus déterminante.

L'avenir de l'ensemble des mécanismes d'arbitrage — on pense ici notamment à l'Organisation mondiale du commerce (OMC) — et des nouvelles juridictions mondiales, comme le Tribunal pénal international, se jouera dans les prochaines décennies. Ils acquerront force et durée ou se dilueront dans de fameux palabres multilatéraux.

Le rapprochement entre la Syrie et Israël appartient à la logique d'inclusion à l'œuvre dans le monde.

SAMEDI 15 JANVIER

C'est un rapport de la division de la population des Nations unies qui s'impose en ce milieu du mois de janvier 2000, par l'abondance de l'information. Son contenu touche à l'un des sujets les plus sensibles de notre temps, à l'un des sujets qui marquera sans doute le prochain siècle.

Il s'agit de la régression démographique annoncée pour le Japon et l'ensemble des pays industrialisés occidentaux, à l'exception des États-Unis. Il s'agit pour l'Europe de l'Ouest de son besoin estimé à cent trente-cinq millions d'immigrants d'ici 2025 par les Nations unies pour maintenir le ratio entre producteurs et retraités au niveau de 1995; cent trente-cinq millions d'immigrants, soit l'équivalent du tiers des citoyens actuels des pays de l'Union européenne ou l'équivalent de la population allemande et britannique. La proportion est imposante, le calendrier bref, les obstacles considérables.

Le cas des États-Unis mérite un bref rappel. Alors que la population des pays de la zone européenne diminuera dans les deux prochaines décennies, celle des États-Unis continuera de croître substantiellement en raison des facteurs combinés suivants: taux de natalité supérieur du tiers à celui des pays européens et enrichissement démographique par l'immigration très largement supérieur à celui du vieux continent. La conséquence est déjà manifeste : plus du quart des Européens ont plus de 60 ans, le même groupe représente 15 % de la population américaine.

On ne sait rien de la démographie dans la longue durée du millénaire qui vient.

Combien d'habitants la planète comptera-t-elle en l'an 3000 ?

La question apparaît insensée tant sa réponse est hors de notre portée. Nous voici confrontés à nouveau au mystère du monde et aux limites de nos capacités de projection et d'analyse.

Ce que nous savons cependant, et que rappelle le rapport des Nations unies, c'est le déséquilibre démographique annoncé pour les années qui viennent. Deux milliards d'êtres humains naîtront d'ici 2020, portant la famille humaine à huit milliards de personnes. Cinquante pour cent d'entre eux vivront en Asie, près de 20 % en Afrique, 12 % en Europe et en Amérique contre 33 % en 1930.

Ce renversement important du poids respectif des régions du monde aura des conséquences politiques, économiques et culturelles majeures.

On pense notamment au déplacement de la centralité du monde de l'Occident vers l'Asie, qui contiendra les deux régions les plus peuplées, l'Asie du Sud autour de l'Inde et l'Asie du Nord-Est autour de la Chine, comptant l'une et l'autre plus d'un milliard et demi de personnes.

On pense à la pression migratoire produite par l'enrichissement démographique déjà évoqué. Cette pression migratoire sera fondée notamment :

— Sur le nomadisme des plus jeunes générations.

— Sur la situation des sociétés occidentales marquées par la baisse continue de la natalité et, en conséquence, par le vieillissement de leur population.

– Sur l'état de sous-développement de certaines des zones les plus peuplées de la planète.

Ce que laisse entrevoir cette pression migratoire à l'horizon 2020, c'est, selon l'expression de Charles Taylor, « l'accélération des flux d'identité multiple », l'enrichissement de la pluriethnicité des sociétés occidentales et, par conséquent, la cohabitation des héritages spirituels, culturels et linguistiques dans un monde où la reconnaissance, toujours selon Charles Taylor, devient un enjeu de premier plan. On pense enfin aux besoins d'investissement et de développement. L'Occident trouvera les moyens de gérer son problème démographique. Mais pour leur part, l'Asie et l'Afrique devront trouver des modèles de développement tenant compte de leurs besoins colossaux en matière d'investissement: infrastructures de transport, aménagement des villes et construction de villes nouvelles, besoin en logements sociaux, en soins de santé et en équipements scolaires, auxquels s'ajoutent l'approvisionnement énergétique, l'approvisionnement en eau, le traitement des déchets et l'emploi.

Ceux qui continuent à rêver d'un modèle unique de développement pour l'ensemble des pays du monde et proposent le clonage des États sur le modèle unique défendu aujourd'hui par les fondamentalistes de l'économie de marché auront sans doute quelques surprises d'ici 2020. On ne peut, on ne pourra pas gouverner le monde selon un principe unique.

Certes, les mouvements migratoires prévisibles, voire indispensables dans certains cas, ne sont pas nouveaux. Leur ampleur l'est cependant. Cela annonce de profondes mutations des médiations entre les communautés au sein des nations, une réinvention des droits des minorités, y compris les droits linguistiques, religieux et culturels.

« Gérer la différence » et « ne pas se raidir sur un passé mythique » feront la force des nations modernes au XXIe siècle.

DIMANCHE 16 JANVIER

Un officier chinois demandait un jour à un visiteur occidental quelle était la population de la Chine en 1949 au moment de la prise de pouvoir par Mao Tsé-Toung. Ce que voulait faire voir le vieux sage de Shanghai, c'était bien davantage qu'un savoir statistique. C'était l'ampleur quasi inintelligible des défis de la Chine, le fait qu'en un demi-siècle, elle se soit enrichie de plus de 500 millions de nouveaux citoyens, soit l'équivalent des populations européennes et américaines réunies.

En ce milieu de janvier, Beijing annonce la levée des obstacles au développement du secteur privé. Obstacles fiscaux et réglementaires. Ces décisions s'inspirent des recommandations de la puissante Commission de planification du gouvernement chinois voulant que les entreprises des secteurs privé et public soient désormais traitées à égalité. Certes, des secteurs majeurs de l'économie sont exclus de cette politique nouvelle, du militaire aux télécommunications, de l'énergie à certains domaines des transports.

La presse économique spécule sur les motifs d'une telle mutation. On rappelle les négociations en cours visant l'entrée de la Chine dans l'Organisation mondiale du commerce après treize ans de tractations, l'échec de la réforme du secteur public, la baisse des investissements privés internationaux en 1999 et la chute de la demande intérieure. On note aussi le ressentiment des firmes étrangères vis-à-vis de ce que les Américains appellent « *a non-friendly environment* » et les pressions du secteur privé autochtone. Le ministre du plan, Zen Peijan, a tout dit et n'a rien dit en utilisant la formule suivante: «La Chine doit dégager des solutions urgentes pour le règlement de ses problèmes économiques.»

Les mots deviennent moins froids lorsque le secteur privé est haussé au niveau «de composante de l'économie nationale», de complément où il était relégué jusqu'à maintenant.

La politique économique de la Chine s'ajuste au phénomène de la globalisation découlant de l'effondrement spirituel et technologique de l'Union soviétique et de la puissante stratégie économique américaine. Certains tirent de cet ajustement partiel la conclusion hâtive d'un acquiescement définitif à l'économie de marché. Il se pourrait que cet ajustement consacre des courants dans l'architecture encore incomplète de l'économie du premier pays du monde. Le système public est encore dominant en Chine. Il éponge toujours 70% des nouveaux investissements et emploie toujours 60% de la main-d'œuvre urbaine. Ce système a produit des résultats certains. Selon l'OCDE, «la Chine est devenue l'économie la plus dynamique du monde, et la proportion de sa population qui vit dans la pauvreté a diminué de moitié depuis le tournant historique de 1978».

Le vieux sage de Shanghai nous parle d'un monde en soi, d'un autre monde. À preuve, chaque année, 50 millions de travailleurs doivent être intégrés au marché du travail.

MERCREDI 19 JANVIER

Selon Steve Lohr, Internet est une technologie sans plus... La fusion d'*America On Line* (*AOL*) et de *Time Warner* nie catégoriquement cette appréciation. Sont désormais liés forme et contenu, selon la vieille expression de nos manuels de philosophie, voies d'accès et offre d'informations et de divertissements.

Deux leaders mondiaux conjuguent leurs immenses ressources. *Time Warner* met notamment dans la corbeille *CNN*, *Warner Brothers*, *Sports Illustrated* et *Time Magazine*, le deuxième réseau câblé en Amérique, sa part évaluée à 1,5 milliard de dollars dans *Hughes Electronics*, ce puissant réseau satellitaire, et son site *Pathfinder*. *AOL*, le premier réseau de connexion du monde.

Cette fusion est la plus importante de l'ère moderne. Elle pèse 247,8 milliards de dollars, change la nature même d'Internet et donne substance au fameux concept de convergence (téléphone, ordinateur et télévision). Elle changera notre façon de nous distraire, de nous informer, de consommer, de travailler, bref, de vivre.

Il y a un avant et un après cette fusion.

AOL compte trente-cinq millions d'abonnés et douze mille employés. Elle génère 5,5 milliards de dollars en revenus et 762 millions de dollars de profit. *Time Warner* compte un milliard de clients et soixante-dix employés. Elle produit 27 milliards de dollars en revenus et 168 millions de dollars de profit. La valeur en bourse d'*AOL* excède les 200 milliards de dollars, celle de *Time Warner*, les 160 milliards de dollars. La première, née il y a quinze ans, appartient à la fameuse bulle boursière; la seconde, née il y a soixante-quinze ans, à l'économie traditionnelle.

Le conglomérat issu de cette fusion ne ressemble à aucun autre.

Il inscrit la culture, l'information et le divertissement dans la sphère industrielle, commerciale et financière mondiale.

Il parie sur « le vaste champ d'expansion des besoins culturels », selon l'expression de Jacques Yvan Morin, et sur les immenses espaces immatériels désertés et en conséquence disponibles.

Il donne ses pleins effets au réseau des réseaux en conjuguant les modes interactifs de communication, la création et la mise en marché des produits culturels, informatifs et de divertissement. C'est le réseau qui absorbe les contenus et non l'inverse. Le virtuel s'impose au réel.

Face à une telle accumulation de puissances, Steve Lohr croit-il toujours qu'Internet peut accommoder la diversité culturelle du monde?

Le réseau le peut formellement. Mais pour citer notre auteur : « C'est la culture qui consacrera ou non la prééminence des États-Unis sur le continent global. »

Il ne fait aucun doute qu'à la prépondérance technologique et économique s'ajoute, au lendemain de cette fusion, une forme nouvelle de prépondérance culturelle. Dans cette perspective, la conquête du marché mondial s'étend et s'étendra à de nouveaux domaines. On pense notamment au secteur de l'éducation.

Dans le *Financial Times* du 31 janvier 1999, John Kay nous propose une lecture de son journal en date du dernier jour du XXIᵉ siècle. L'article principal est consacré à la première société mondiale, dite *Educational Corporation of America*. Créée en 2005, cette dernière est le premier employeur sur le plan international. Société en ligne, elle dispose de relais à travers le monde et attire une clientèle nationale et internationale de plusieurs dizaines de millions d'étudiants.

Cette fiction n'en est pas une, tant la croissance exponentielle de l'offre éducative américaine sur Internet mobilise aujourd'hui les gouvernements, les universités et grandes écoles et des dizaines de sociétés parmi les plus puissantes du monde.

Bref, la fusion *AOL–Time Warner* ne doit pas être appréciée comme une initiative d'exception. Elle laisse voir ce qui se prépare dans d'autres domaines. Elle illustre la conception américaine de la globalisation, du monde comme marché et la confiance des Américains dans leurs capacités de répondre aux vastes besoins immatériels de la famille humaine.

Cette utopie repose sur une vision de la totalité de l'humanité et l'idée que les sociétés peuvent être gouvernées selon un seul et même principe, sur un seul et même modèle. Mais la réalité et la solidité du monde humain reposent sur le mystère infini de sa diversité et le fait que cette dernière est plus durable que les tentatives et les tentations récurrentes de sa liquidation dans l'histoire.

P.S. : La fusion industrielle la plus importante de l'histoire a été arrêtée en Chine où les présidents Case (*AOL*) et Levin (*Time Warner*) participaient aux célébrations du 50ᵉ anniversaire de la révolution chinoise. À l'occasion de cette fête à la gloire du socialisme, ils ont convenu de la fusion la plus importante de l'histoire du capitalisme !

LUNDI 20 JANVIER

La fusion des sociétés *AOL* et *Time Warner* illustre le fort mouvement de consolidation de grandes sociétés et notamment des grandes sociétés américaines. Ce cycle apparaît sans précédent par son ampleur. Certes, ce mouvement n'est pas nouveau; on se rappelle la frénésie d'acquisition des années 1960 et 1980. Toutefois, ses caractéristiques le distinguent des flux précédents.

En effet, le présent cycle privilégie les fusions dans un même secteur, contrairement au cycle précédent qui reposait sur la diversification. Il consacre de plus les mises en convergence des marchés et des technologies. Enfin, il trouve son financement sur les places boursières qui donnent préséance aux sociétés de haute technologie.

Selon le numéro de janvier de la *Harvard Business Review*, le mouvement en cours aurait des conséquences géopolitiques majeures. Il assurerait notamment la suprématie économique de la zone atlantique et retarderait la prépondérance asiatique. En effet, l'analyse des fusions et acquisitions transnationales révèle que le niveau d'investissements directs entre les États-Unis et l'Europe est trois fois plus important que celui des États-Unis en Asie. De plus, dans la liste des vingt-cinq plus importantes acquisitions effectuées en 1998 par les sociétés américaines, aucune ne touche l'Asie, vingt touchent l'Europe.

Enfin, si le volume du commerce entre l'Amérique et l'Asie excède celui se déployant dans la zone atlantique, ces statistiques excluent le secteur le plus dynamique, le secteur des services.

Selon les rédacteurs de la célèbre revue, d'autres facteurs consolident la prépondérance de la zone « *Transatlantica* » dans l'économie mondiale au XXIe siècle : l'usage de la *Lingua Franca* que l'on sait, Internet dont les contenus sont produits très majoritairement dans cette zone et qui reposent en priorité sur ses quatre-vingt-dix millions d'adhérents aux États-Unis et ses quatre-vingt millions d'adhérents en Europe, comparativement à quarante millions en Asie ; le partage encore inégal d'une culture de l'actionnariat dominante en Amérique, conquérante en Europe et émergente en Asie. Cette culture de l'actionnariat se moule sur le modèle américain. Elle lui emprunte sa logique corporative, ses supports juridiques, ses méthodes de gestion et d'audit.

Il existe désormais une carte corporative du monde, la capitalisation des très grandes entreprises équivalant au produit national brut annuel d'un grand nombre de pays ou le dépassant : *IBM* celui de la Colombie (201 milliards de dollars), *Lucent Technologies* celui de l'Afrique du Sud (227 milliards de dollars), *AOL–Time Warner* celui de la Pologne (246 milliards de dollars), *Cisco Systems* celui de l'Iran (344 milliards de dollars), *Microsoft* celui de l'Espagne (593 milliards de dollars) pour ne citer que ces exemples.

Certains tirent de ce positionnement des conséquences dramatiques et l'identifient à un transfert net de pouvoir. Mais ces pays seront toujours quand ces sociétés auront disparu. En eux s'incarnent et se concrétisent le mystère des filiations spirituelles et culturelles, les rassemblements autour de références partagées, d'une aisance dans la reconnaissance réciproque, d'une fidélité à la condition humaine. La citoyenneté sera toujours supérieure à l'actionnariat et sa puissance, incomparable.

◼ SAMEDI 22 JANVIER

Le grand quotidien britannique *The Guardian* révèle que le premier ministre Tony Blair a autorisé la vente de pièces détachées d'avions Hawks au Zimbabwe contre l'avis de son ministre des Affaires étrangères, contre aussi, faut-il le dire, le bon sens le plus élémentaire. En effet, cette vente contredit tous les efforts effectués par l'Organisation de l'unité africaine, l'Union européenne et les Nations unies pour une résolution pacifique de la guerre dans la région des grands lacs.

Cette transaction conforte un régime si douteux que la Banque mondiale et le Fonds monétaire international viennent de lui retirer toute forme d'assistance. Elle pèse lourdement sur le budget d'un État en développement parmi les plus endettés du monde. Elle contribue enfin à la croissance d'une inflation approchant les 50 % par an.

Le premier ministre britannique se défend et invoque les engagements pris par Margaret Thatcher. Malheureusement, il oublie les siens, cette «diplomatie éthique» placée jadis au cœur de son projet politique.

Des dix pays occupant les premiers rangs pour l'exportation d'armement dans le monde, huit appartiennent aux démocraties occidentales avancées. Il s'agit, par ordre d'importance, des États-Unis, de la France, de l'Allemagne, du Royaume-Uni, des Pays-Bas, de l'Italie, de l'Espagne et du Canada auxquels s'ajoutent l'Ukraine et la Russie.

Des dix pays occupant les premiers rangs pour l'importation d'armes dans le monde, cinq appartiennent à la zone asiatique: Taiwan, le Japon, la Corée du Sud, le Pakistan et l'Inde, auxquels s'ajoutent l'Arabie Saoudite, la Grèce, la Turquie, les Émirats arabes unis du Golfe et l'Égypte.

Le commerce des armes entre Londres et Harare appartient à un ensemble vaste, complexe et opaque des rapports entre les nations.

Des progrès sont accomplis, en Europe notamment, pour fixer des règles, «un code de conduite» selon l'expression de l'Union européenne. Le Conseil des ministres allemand vient d'arrêter une directive (le 19 janvier) faisant obligation aux entreprises de mettre fin à toute forme d'exportation d'armes dans les pays où les droits de l'homme sont bafoués, assurant l'imputabilité et la transparence des autorisations de vente et rendant obligatoire la publication de rapports annuels d'activités dans ce secteur.

L'Allemagne ne doit pas se retrouver isolée à la suite de l'adoption de cette directive. Enrichie, cette dernière pourrait servir de référence à un traité international. On pense notamment à des mécanismes de contrôle semblables à ceux arrêtés dans le Traité de non-prolifération nucléaire et dans les conventions concernant les armes chimiques et biologiques. Sans ces exigences minimales, la logique du profit maintiendra sa prépondérance sur la logique de la paix. Sans ces exigences minimales, on continuera à dénoncer les conflits et à armer les belligérants comme vient de le faire le chef du gouvernement britannique dont le pays occupe un siège permanent au Conseil de sécurité des Nations unies.

LUNDI 31 JANVIER

Le «principe de précaution» a été le grand vainqueur de la conférence des Nations unies réunie à Montréal et visant à donner contenus et suite au Traité sur la biodiversité de 1992. Il s'agit du principe «selon lequel l'absence de certitude, compte tenu des connaissances scientifiques et techniques du moment, ne doit pas retarder l'adoption de mesures effectives et proportionnées visant à prévenir un risque de dommage grave et irréversible à l'environnement ou à la santé à un coût économiquement acceptable».

Au cœur de la Conférence de Montréal, un sujet divise les participants en deux camps inégaux: l'appréciation des rapports des biotechnologies et du vaste domaine de l'agriculture, de la production des aliments pour les hommes et les espèces animales inscrits désormais sous le vocable des «sciences de la vie». Il s'agit en effet du nouveau pouvoir de l'homme de modifier génétiquement les organismes vivants, d'en modifier les composantes, dans le cas des plantes d'en ajuster le goût, d'en assurer la conservation, d'enrichir leur valeur nutritive par ajout de vitamines et de minéraux, de renforcer leur résistance aux herbicides, aux virus et aux insectes. Le domaine connaît un essor colossal et mobilise largement la communauté scientifique, un nombre croissant d'entreprises et des centaines de milliers de travailleurs.

Si certaines régions du monde et certains pays, dont l'Union européenne, l'Inde, la Malaisie, la plupart des pays de l'Amérique latine et d'Afrique, se montrent fort réticents, les États-Unis, la Chine, la Russie, l'Argentine, le Mexique, le Brésil et le Canada sont engagés profondément dans ce «secteur industriel de l'avenir». Le potentiel de conflits commerciaux exemplifié par la guerre commerciale atlantique prend de toute évidence une dimension internationale. Au cœur de ce positionnement contrasté, on assiste à une importante mobilisation de l'opinion publique européenne marquant son opposition au développement, à la mise en marché et à la non-identification des organismes génétiquement modifiés dits aliments transgéniques.

Sous des formules diverses, les arguments des camps en présence ont dominé la Conférence de Montréal.

Minoritaire, le groupe dit de Miami, fédérant les pays déjà engagés dans la production d'organismes génétiquement modifiés, fait valoir les arguments suivants:
– La famille humaine est déjà profondément engagée dans la science de la vie et notamment en matière de

diagnostic et de médicaments pour le plus grand profit des usagers. Elle l'est aussi dans le domaine alimentaire ; des milliers de produits sont consommés par des dizaines de millions de personnes sans effet négatif identifié.

– La satisfaction des besoins alimentaires, compte tenu notamment des déficits actuels et de l'enrichissement démographique annoncé (plus de deux milliards d'hommes d'ici 2020), appelle une recherche appliquée pour assurer à la fois la croissance, la conservation et la réduction des coûts des aliments. Dans ce contexte, les avancées de l'industrie agrochimique constituent un progrès majeur. Elles permettent d'obtenir des rendements supérieurs sur une même surface, économisant l'énergie, limitant les déchets et réduisant la pollution.

Pour sa part, la puissante coalition des opposants fait valoir les risques pour la santé humaine et les périls environnementaux découlant de la production d'organismes génétiquement modifiés.

Du côté de la santé humaine, elle fait état des précédents et notamment de l'encéphalite spongiforme bovine, cette maladie qui, disait-on avec autorité il y a encore peu de temps, ne pouvait passer la barrière des espèces… Pourtant ! Elle s'inquiète de passages similaires des antibiotiques, gènes et autres substances dans les organismes humains. Certes, les antibiotiques créent des conditions parfaites pour la résistance des espèces animales et végétales aux microbes, mais la nouvelle résistance humaine aux antibiotiques prouve, à son avis, la nécessité du principe de précaution concernant les chaînes liant les espèces. Il faudra attendre une génération ou deux pour en mesurer pleinement les effets, et un tel risque est à ses yeux insupportable.

En ce qui a trait à l'environnement, la thèse des opposants est fort simple. La nouvelle résistance aux herbicides, aux virus et aux insectes des organismes génétiquement modifiés pourrait, selon eux, s'étendre par des voies naturelles à d'autres espèces. Ce transfert aurait pour effet de modifier en substance la faune et la flore et de contribuer à la dégradation de la biodiversité.

Entre le tout agrochimique défendu par l'industrie américaine et les gouvernements membres du groupe de Miami, d'une part, et le rejet définitif de toute forme de recherche et d'application des technologies au domaine alimentaire, d'autre part, la Conférence de Montréal a choisi une voie intermédiaire, celle de la précaution. Elle a affirmé la nécessité d'un jeu complet d'analyses, de vérifications et d'informations. Ce « oui, mais » a été durement condamné par les représentants du secteur industriel. « Arbitraire... résurrection du monstre technocratique... réinvention d'un monde de normes de contrôles... » Prévisible, la litanie est venue froide et déraisonnable. Il est faux de prétendre que la recherche est figée dans le béton et que le choix des consommateurs est mis en cause, que la capacité d'alimenter l'humanité est compromise.

L'agrochimie est un secteur majeur de la science pour les temps qui viennent. La négociation de Montréal recouvrait d'ailleurs d'immenses intérêts économiques et commerciaux qui ne furent pas étrangers à ses débats et à son résultat.

Ce qui a dominé la Conférence de Montréal, c'est la volonté d'une forte majorité des pays du monde d'encadrer son évolution et, dans un domaine aussi déterminant, d'éviter les erreurs qui, dans d'autres domaines, ont eu des effets néfastes. On pense notamment à la destruction de la couche d'ozone et à l'exposition des populations aux risques des déchets nucléaires pour les siècles à venir.

Ce qui a aussi dominé la Conférence de Montréal, c'est l'exigence de résultats et le fait majeur, rare et précieux, d'une entente conclue entre tous les pays du monde au terme de longues discussions, concertations et recherches communes, communes et fécondes.

FÉVRIER

La fascination exercée par l'Union européenne sur tant d'autres communautés régionales en construction dans le monde constitue sans doute l'un des prolongements forts de la prépondérance du «vieux continent» depuis quatre siècles.

De l'Asie du Sud-Est à l'Amérique latine, de l'Afrique aux nations de l'Asie centrale, l'expérience européenne sert de référence. Son exemplarité est indéniable. Elle illustre, aux yeux d'un grand nombre, un positionnement inédit des nations rassemblées conjuguant leur force, autrement limitée, pour peser à nouveau dans les affaires du monde. Mais cette construction est aussi un approfondissement des intérêts patents vers les institutions indispensables, de ces dernières vers un ordre de valeurs communes traçant le cadastre d'une communauté de culture.

C'est à ce niveau que se situe la politique européenne après l'annonce, le 1er février, d'un pacte de gouvernement entre les conservateurs autrichiens dirigés par Wolfgond Schüssel et le parti dit de la liberté dirigé par Jörg Haider. Cette annonce a provoqué de fortes réactions en Europe, aux États-Unis et en Israël. Jugée «contre nature», la nouvelle coalition née à Vienne à la suite des élections d'octobre 1999 constitue, selon les termes du ministre des Affaires étrangères de Belgique, Louis Michel, « une brèche inacceptable dans la résistance à une renaissance des thèses fascistes en Europe ».

Les événements d'Autriche constituent un puissant révélateur des enjeux et défis posés aux communautés économiques régionales émergentes à travers le monde, communautés d'États aux systèmes politiques et aux valeurs certes convergentes mais néanmoins incarnées dans des histoires et des lectures de l'histoire toutes singulières. Ils constituent de plus un puissant révélateur des enjeux et défis posés par la diversification ethnique, culturelle et religieuse des populations dans un nombre croissant de pays en Europe et dans le monde.

Les nouvelles communautés économiques sont toutes confrontées à une même obligation : déterminer ce qui est acceptable en matière d'idéologie politique de la part de leurs États membres et en conséquence, dire la limite de la diversification des références au sein d'un destin commun. Le régime de la Birmanie, celui du Nigeria avant le rétablissement de la démocratie, posent des questions voisines de celles que l'entrée au gouvernement d'un parti raciste et xénophobe à Vienne soulève avec force en Europe.

Il apparaît que l'Union européenne, malgré ses protestations et les fortes déclarations de ses dirigeants, évitera de suspendre ou d'expulser l'Autriche. Elle limitera les relations bilatérales entre ses États membres et ce pays, sans plus.

Ce choix rend poreuse l'appartenance des Européens à ce que l'historien Charles Olivier Carbonell nomme « une communauté de culture » faite « de certitudes partagées, comme autant d'images motrices, créant une adéquation des comportements et des sensibilités déterminant la singularité européenne ». La sensibilité néo-naziste ne doit pas être tolérée, tel un fragment cancéreux dans un ensemble plus large qui, à tort, s'en croirait immunisé.

Il en va de même pour le jugement porté sur «les étrangers», leur culture et leur comportement. De la France à l'Autriche, de la Belgique à la Suisse, les partis politiques faisant crédit à la xénophobie doivent être condamnés avec force et exclus de tout pacte gouvernemental. Si le précédent créé à Vienne n'est pas condamné absolument, il créera une zone de tolérance d'une élasticité imprévisible.

VENDREDI 4 FÉVRIER

Voici réunie, dans la splendeur naturelle de la Suisse, la Conférence annuelle de Davos, le forum économique mondial rassemblant pour quelques jours les puissants du monde: dirigeants politiques, économistes réputés, responsables des entreprises multinationales, leaders des grandes centrales syndicales, gestionnaires des grands fonds publics d'investissement, banquiers et autres leaders internationaux.

Les cinq dernières conférences de Davos ont célébré la globalisation de l'économie. Elles ont cherché les conditions de sa consolidation, louangé ses effets sur la croissance et le développement et fait grand état de sa capacité d'intégrer les fragments du monde «non inclus dans l'économie mondiale» selon l'expression de l'OCDE. Le drame des Balkans, la crise de l'économie en Asie du Sud-Est et les événements de Russie ont certes jeté leur ombre sur ces conférences. Mais cette ombre passait et l'évaluation d'ensemble demeurait positive, voire euphorique. L'espace mondial s'édifiait, les impératifs de l'économie de marché s'imposaient, les technologies de l'information créaient une nouvelle économie aux promesses «illimitées». Dans un tel contexte, la dissidence apparaissait marginale, sans effet réel sur une dynamique aussi puissante et «sans alternative». Davos s'inspirait de la thèse fameuse de la fin de l'histoire. Dans le grand jeu ouvrant sur le XXIe siècle, ses travaux semblaient éclairer loin, très loin une marche commune et incontestée, un modèle unique et incontournable.

Ce cycle a connu cette année un arrêt brutal, ses premières balles de caoutchouc et ses premières grenades lacrymogènes. L'esprit de Davos a été rejoint par celui de Seattle. En quelques mois décisifs, le blocage de la reprise des négociations commerciales multilatérales, la critique de l'agenda prévu à cet effet et la requête puissante pour son enrichissement se sont imposés.

Dans sa plaidoirie à Davos, le président Clinton a trouvé la formule ou le slogan résumant toutes les attentes et toutes les frustrations: «Nous devons, a-t-il déclaré, dégager les conditions d'une prospérité partagée.»

SAMEDI 5 FÉVRIER

Selon la revue scientifique *Nature*, une équipe de chercheurs des laboratoires *Almaden* de la société IBM a démontré la faisabilité de circuits électroniques infiniment petits et infiniment puissants. Ces derniers trouveraient leur énergie dans un jeu de mirage où l'image de l'atome dédoublé par un effet de miroir donne à sa représentation les mêmes propriétés que celles de l'atome original. Mis au rancart les circuits d'alimentation électrique, les recharges de piles, les systèmes de refroidissement...

Nous voici en présence d'une structure autonome qui ne serait jamais en panne d'énergie et dont les capacités pourraient être indéfinies. Dans son ouvrage *Engines of Creation*, Eric Drexler évoquait des hypothèses voisines. Elles semblent aujourd'hui plus près de nous. Elles émergent dans ce que l'on pourrait appeler «le huitième jour de la création».

DIMANCHE 20 FÉVRIER

Dans son livre récent, *The Last Great Revolution*, Robin Wright identifie le renversement du Shah, en Iran, à la fin programmée de l'autoritarisme et à son remplacement par un nouveau modèle combinant la puissance théocratique et la démocratie occidentale. Certes, la représentation dominante de l'Iran qui s'est imposée ces deux dernières décennies est toute comprise dans le premier pôle de ce modèle, soit la domination de la «loi de Dieu», la prépondérance des leaders religieux, leur incontestable mainmise sur la politique extérieure de leur pays en opposition à l'Occident et l'effet manifeste de leur autorité sur la société civile.

Robin Wright fait apparaître l'autre dimension de la révolution de 1979, la dimension «démocratique». Il évoque le fait incontestable du recours au processus électoral, l'existence d'un espace public certes cadastré mais néanmoins réel où se déploient débats politiques, confrontations intellectuelles, créations culturelles illustrées notamment par la faveur dont jouit le cinéma iranien dans le monde. Entre la Palme d'or obtenue à Cannes en 1997 pour *Le Goût de la cerise* d'Abbas Kiarostami et le Lion d'or reçu à Venise pour *Le Cercle* de Jafar Panahi, les œuvres d'Amir Naderi, de Bakar Payani, de Marieh Meshkini, de Rafi Pitts se sont imposées comme partie intégrante de la production culturelle internationale.

Sans équivalent dans l'espace islamique mondial, cette production illustre la tension animant la société iranienne entre son héritage théocratique et «une trajectoire historique qui enligne l'Iran sur le mouvement prédominant dans le reste du monde» et modernise l'un des plus anciens pays de la planète.

Audacieuse, la thèse de Wright semble avoir trouvé sa justification politique dans l'éclatante victoire de l'équipe du président Mohammad Khatami aux élections législatives récentes. Ces dernières ont donné à son parti près de 70 % du vote populaire et une solide majorité au parlement national.

Élu à la présidence de la République en 1997, le président Khatami ne disposait cependant pas d'une majorité au parlement national et, en conséquence, voyait ses choix politiques contredits par une majorité de législateurs qui lui était hostile. Cette situation a été renversée par le choix libre des citoyens iraniens au terme d'une élection remarquable : six mille candidats dont huit cent soixante et onze pour les trente sièges de la capitale, innombrables assemblées publiques, affichage dans tout le pays...

Ce sont les candidats proposant plus de démocratie, plus de liberté individuelle et moins d'interférence religieuse dans la société qui ont reçu l'appui très majoritaire d'un électorat qui est composé à 50 % de citoyens de moins de trente ans et qui a voté à plus de 80 %.

Ce sont les candidats proposant le développement de la dimension républicaine, illustrée notamment par une profonde réforme constitutionnelle, qui dominent aujourd'hui le parlement de la nation.

Considérable, la défaite des conservateurs cléricaux ne les laisse pas sans moyens politiques. Du statut constitutionnel incontestable du guide religieux suprême, l'Ayatollah Ali Khamenei, à celui du Conseil des gardiens, véritable chien de garde habilité par la Constitution à recevoir, à examiner et à approuver les textes de lois votés par le Parlement, sans oublier le système complet de tribunaux spéciaux, ils disposent d'un arsenal puissant de moyens religieux, moraux, politiques et juridiques. Mais les résultats des élections législatives semblent prouver qu'il s'est créé entre eux et les citoyens iraniens une distance majeure. Certes, le président Khatami doit compter avec les conservateurs, mais son action subtile et décisive a fait se déplacer le pouvoir vers un modèle plus séculier, de l'interprétation de la volonté divine vers celle de la volonté des citoyens.

Ce qui se produit en Iran est d'une importance considérable. Le pays relie le Moyen-Orient, l'Asie centrale et le sous-continent indien. Sa jeunesse est instruite et est appelée à jouer un rôle majeur dans les délibérations et les orientations du vaste espace islamique dans l'espace mondial.

LUNDI 21 FÉVRIER

Certains espéraient que la Conférence des Nations unies sur le commerce et le développement, réunie à Bangkok, servirait de contrepoids à celle de Seattle qui a réduit à néant toutes les chances d'une reprise prochaine de la négociation commerciale internationale. Dans la phase préparatoire, les pays industrialisés ont travaillé en ce sens, mais leur espoir de rattrapage s'est vite dissipé tant la critique de «l'économie de casinos» a dominé les débats et les travaux des pays du monde réunis dans la capitale de la Thaïlande.

Hier encore apparemment irrésistible, l'élan de la mondialisation, déjà mis à mal en novembre 1999 à Seattle, apparaît plus que jamais assujetti à la pleine reconnaissance des exigences des pays et des régions en développement du monde: ouverture des marchés des pays développés et suppression des subventions directes ou indirectes de ces derniers au secteur agricole et textile de leur économie; suppression de tous les tarifs douaniers sur les exportations des quarante-huit pays en développement; révision des règles de l'OMC «qui ont été arrêtées en fonction des intérêts des pays industrialisés»; ajustement à la baisse, voire abandon, des standards environnementaux et des protections des travailleurs dans les éventuelles négociations commerciales internationales. Dans la rue et dans la salle des délibérations, la critique a parfois pris des allures de plaidoiries, notamment contre la politique du Fonds monétaire international dont les responsables, selon certains orateurs, devraient être « traduits en justice ».

Présent à Bangkok, le directeur général démissionnaire du Fonds monétaire international, Michel Camdessus, a reconnu les « erreurs » de son institution et proposé l'élargissement du G8 à « deux douzaines de pays » afin de créer un espace de concertation et de discussion reflétant la réalité et la complexité de la communauté internationale. Il a de plus jugé explosif et dangereux le fait d'ignorer les conditions politiques, économiques et sociales des pays en développement.

Dans une intervention spectaculaire rappelant la rhétorique d'un autre âge mais reflétant peut-être la situation actuelle du monde, le président de l'Algérie, Abdelaziz Bouteflika, a évoqué « l'émergence d'une nouvelle carte du monde où serait effacé le continent africain ».

Dans son dernier ouvrage, *Power and Prosperity*, Mancur Olson cherche à répondre à la question suivante : « Pourquoi, dans ce monde désormais globalisé, certaines économies prospèrent-elles et d'autres échouent-elles ? »

Le fiasco de Bangkok tient peut-être son explication dans la réponse du célèbre historien de l'économie. Il s'agirait de la nature du pouvoir politique, des comportements contrastés qu'il génère, des intérêts nationaux qu'il protège dans le cas des démocraties, des intérêts limités qu'il promeut dans le cas contraire. La montée des aspirations démocratiques dans le monde pourrait alors expliquer la nouvelle confrontation entre des « intérêts nationaux » désormais mieux établis dans la communauté internationale.

Chronique africaine

Il est difficile de parler normalement de l'Afrique, des travaux qui cherchent à créer les conditions de la normalisation de ses rapports au monde et de ce dernier au continent. S'agissant de l'Afrique, il est complexe de faire apparaître la rupture actuelle avec les vieux filtres de l'histoire, les mutations des interactions entre les États du continent et leur intégration dans des communautés économiques régionales, celles aussi des interactions entre les citoyens rassemblés dans des collectifs à vocation politique, sociale ou professionnelle hier encore inexistants.

Une certaine représentation de l'Afrique s'est incrustée dans les esprits, les commentaires, les analyses et les jugements tant les crises et les drames qui l'affectent dominent la perception de ce continent. Certes, ces crises et ces drames existent, et ce douloureusement. Mais ils n'épuisent pas son énergie. Le continent africain est aussi à l'œuvre pour se refonder à partir de ses valeurs propres et des valeurs universelles.

Après l'avoir beaucoup fréquenté, l'historien français Alain Decaux résume comme suit son appréciation du continent africain :

> Ainsi l'Afrique avance-t-elle vers le XXIe siècle. Fascinante en ses contrastes et ses contradictions. Opulente de ses réserves naturelles, trésor sans lequel on pourrait douter de la survie des habitants de notre planète. Riche de ses populations pour lesquelles compte ce qui de plus en plus nous manque : l'âme. Misérable par l'abandon où l'ont trop souvent et trop longtemps laissée des régimes corrompus. Déstabilisée sur les chemins où l'ont jetée trop d'Occidentaux malavisés et incompétents. Elle bouge, cette Afrique, si mal partie. Elle retrouve ses traditions et, à travers elles, sa véritable identité. Des tyrans s'éternisent mais d'autres, en plus grand nombre, s'éloignent.
>
> Peut-être l'Afrique est-elle l'espérance du monde ?

Du Sénégal en 2025

Dans une interpellation puissante publiée dans le numéro du 18 janvier du *Soleil de Dakar*, l'écrivain sénégalais Lamine Sall fait de l'approfondissement et de l'acceptation des valeurs démocratiques par le Sénégal et par l'Afrique les conditions « du bonheur de vivre pour aujourd'hui et pour demain » :

> Jamais nous ne devons accepter de vendre notre pays au diable, de le livrer à la haine et à la violence, à l'égoïsme. Notre pays ne le mérite pas. Aucun pays n'a le droit de se saborder de cette manière. Les règles du jeu démocratique doivent être sacrées et ce sont les hommes qui ont décidé de confier leur destin aux politiques, qui les premiers doivent respecter ces règles... Accepter de perdre devant le droit et les suffrages des citoyens et le reconnaître, c'est préparer demain sa victoire dans le cœur du peuple et gagner le respect de ses adversaires...

On aimerait reproduire ici la totalité de la réflexion de Lamine Sall tant elle vise juste pour son pays à la veille d'une élection présidentielle, mais aussi pour toutes les sociétés humaines. De la prééminence des lois à la séparation des pouvoirs, de la force du suffrage universel au besoin d'alternance, ce sont les fondements mêmes « d'une formidable avancée démocratique qui sont éclairés et avec eux la vision d'un pays solide et exigeant ».

Voici le Sénégal en 2025, démocratique, vainqueur dans la bataille du développement par notamment une réforme profonde de l'école désormais « tournée vers des formations plus opérantes et plus efficaces, le développement d'une agriculture moderne, l'explosion des moyens de communication, l'émergence d'un secteur industriel et technologique conquérant ».

Voici le Sénégal en 2025, soucieux de son patrimoine architectural et visuel et enrichi par une création urbanistique et architecturale :

> Bien à nous, Nègres, Africains, ouverts sur le monde, bien différents de Paris ou de Londres...
>
> À quoi sert-il de ressembler à Paris ? Ne vaut-il pas mieux ressembler à ce que nous sommes et ce que nous pouvons porter de bien et de bon, de riche et de spécifique dans notre espace soudano-sahélien ?

Voici le Sénégal en 2025, disposant à nouveau d'institutions culturelles puissantes faisant leur place aux écrivains, aux plasticiens et aux sculpteurs « dont le rayonnement dans le monde est déjà remarquable ».

L'exigence et la franchise de Lamine Sall se conjuguent puissamment dans cette interpellation qui débute par un consentement aux valeurs démocratiques et se conclut par de fortes références aux valeurs africaines. Et pour lier à tout jamais ces deux faces d'une même espérance, notre auteur et ami évoque :

> La rage de vouloir avancer de mille pas, de bannir les raccourcis pour voir plus loin et pour voir plus grand, le souci et la certitude d'investir non pour la semaine prochaine mais pour les siècles, de bâtir pour le futur... Tout cela aura vaincu dans 25 ans la paresse, le court terme, la corruption, l'indiscipline, le bricolage, bref tout ce qui fait au Sénégal le lit du sous-développement.

DU ZIMBABWE EN 2000

Par une majorité substantielle de l'ordre de 1,2 millions, les citoyens du Zimbabwe ont refusé au président Robert

Mugabe les moyens exceptionnels qu'il recherchait à l'occasion d'un référendum constitutionnel.

Au pouvoir depuis vingt ans, disposant de cent quarante-sept sièges sur cent cinquante au Parlement, maître du jeu et des médias nationaux dont les opposants ont été exclus, le président Mugabe souhaitait disposer notamment du droit de dissoudre le Parlement, du pouvoir de déclarer la guerre, de celui de nationaliser les terres contrôlées par la minorité blanche et enfin de jouir à tout jamais de l'immunité. Conjuguant les ressources de la puissance publique et les pires thèses xénophobes, le chef de l'État du Zimbabwe n'a rien économisé pour obtenir l'appui de ses concitoyens…Une formalité!

Mais ce sont ses adversaires qui réussirent à obtenir l'appui largement majoritaire d'un pays rendu exsangue par les abus d'un régime autoritaire.

Impunité, torture et barbarie

Grande première sur le continent. Un ancien chef d'État s'est retrouvé le 3 février devant une cour de justice, accusé par une coalition de militants des droits de l'homme «de crimes contre l'humanité, de torture et de barbarie».

La plainte fait état notamment de quatre-vingt-dix-sept meurtres politiques, de cent cas de disparition et de cent quarante-deux cas de torture. Elle se réfère de plus aux conclusions d'une «Commission nationale de vérité» qui, elle, évoqua quarante mille morts et deux cent mille cas de tortures. L'accusé, Hissène Habré, président du Tchad de 1982 à 1990, est aujourd'hui réfugié au Sénégal.

Sans précédent, la mise en accusation de l'ancien allié de la France et des États-Unis contre la Libye comporte deux enseignements d'importance:

– L'impunité et l'accueil par un pays «ami» ne constitue plus l'assurance de «jours tranquilles» pour les dirigeants africains. On comprend que les événements de Dakar soient suivis avec grande attention par les anciens présidents ougandais, Idi Amin Dada et Milton Obote, le premier réfugié en Amérique du Sud et le second en Zambie, ainsi que par d'autres anciens dirigeants africains. On pense notamment à Mengistu Hailé Mariam, ancien président éthiopien réfugié au Zimbabwe.

– L'enracinement lent mais certain du droit international et des conventions internationales concernant les crimes contre l'humanité, droit et conventions rendus plus réels et plus exigeants notamment après la création du Tribunal pénal international et l'adoption de la convention qui autorise le jugement de ces crimes dans des pays autres que celui où ils ont été commis. Dans le cas d'Hissène Habré, c'est la force de cette convention qui a été évoquée par le collectif des droits de l'homme contre l'ancien dirigeant tchadien.

MARS

En affirmant que « le commerce mondial crée l'inégalité sociale », Robert Barro, l'économiste vedette de l'Université Harvard, conforte les adversaires et les critiques de la mondialisation. Dans une entrevue à *Expansion*, entrevue précédant la publication d'un ouvrage commandé par le Fonds monétaire international et consacré aux effets du commerce international, l'économiste soutient certes la thèse classique voulant que les échanges commerciaux stimulent la croissance, mais il avoue sa perplexité face au constat de la montée des inégalités dans les pays en voie de développement.

Invoquant les résultats de ses recherches sur l'évolution des économies de l'Amérique latine, il affirme :

> Les groupes sociaux qui y sont les plus avancés profitent considérablement plus de l'ouverture aux échanges que les autres. Ce n'est pas que les pauvres s'en trouvent plus mal, mais ils n'en retirent aucun bénéfice, alors qu'ils voient les classes aisées accéder à un niveau de vie encore meilleur... Lorsqu'on a ouvert les frontières entre les États-Unis et le Mexique, on s'imaginait que la concurrence du travail peu cher allait peser sur les salaires des

Américains les moins qualifiés. Finalement, il n'en a rien été. Ce sont au contraire les pauvres au Mexique qui ont vu leur situation relative se dégrader.

DIMANCHE 12 MARS

Lancés en 1990, les travaux visant à établir la cartographie du génome humain, « ces trois milliards de paires de base de l'ADN », sont apparemment arrivés à leur premier terme en moins d'une décennie. Remarquable, ce fait témoigne des exceptionnelles avancées scientifiques rendues possibles notamment par les technologies de l'information et leur immense capacité créatrice.

Deux groupes, l'un privé et l'autre public, peuvent s'approprier le crédit pour l'ouverture de ces champs nouveaux à l'expérimentation et à l'intervention humaine : le Projet public du génome humain financé à la hauteur de 5 milliards de dollars par l'Institut national de la santé des États-Unis et des contributions plus modestes de la Grande-Bretagne, de l'Allemagne, de la France, du Japon et de la Chine et la société *Celera Genomics Corp.* L'un et l'autre ont complété une première version du génome humain et se proposent de la rendre publique avant la fin de la présente année.

Quel statut pour ce séquençage du patrimoine génétique de l'homme ?

Les dirigeants du projet public du génome humain souhaitent qu'il soit versé intégralement dans le domaine public ; ceux de *Celera Genomics* plaident la thèse opposée, soit son maintien intégral dans le domaine privé.

Constatant l'échec de la négociation entre les deux groupes et en conséquence leur incapacité de proposer une politique commune, le président des États-Unis et le premier ministre de Grande-Bretagne ont tranché, dans une intervention conjointe et sans précédent :

Les données fondamentales sur le génome humain,
y compris le séquençage de tout le génome de l'ADN
et de ses variations, devraient être librement accessibles aux scientifiques du monde entier.

De cette intervention majeure, mal accueillie par les
investisseurs mais soutenue par les milieux scientifiques,
comme en témoigne le communiqué conjoint publié dans
Nature par les présidents de l'Académie des Sciences des
États-Unis et de la Société Royale Britannique, on peut
tirer de nombreux enseignements:

- L'importance et la capacité concurrentielle du secteur
  public en matière de recherches avancées, même quand
  elles se déploient dans des montages multilatéraux
  complexes.
- Le rejet de tout monopole sur le génome humain, les
  matériaux biologiques ne pouvant être identifiés à
  n'importe quelle autre ressource sans plus.
- La nécessité d'approfondir les rapports entre les sciences
  biologiques, le commerce et la propriété intellectuelle,
  entendu que la nécessité de breveter les inventions
  issues des recherches génétiques est remise en cause
  par certains et soutenue par d'autres. Mais ces brevets,
  les conditions des hypothèses qui les justifient, leur
  étendue, leur durée dans le temps, appartiennent à une
  catégorie singulière et sans précédent.
- La prépondérance incontestable des États-Unis et de la
  Grande-Bretagne, «les deux pays les plus en pointe
  dans le domaine de la recherche génétique et les biotechnologies», selon le quotidien *Le Monde*.

L'initiative conjointe du président Clinton et du
premier ministre Blair réaffirme la fonction centrale des
pouvoirs publics s'agissant du bien commun et, dans ce
cas, d'un bien commun premier, soit le patrimoine génétique de l'humanité. Certes, leur intervention ne règle pas
tout, mais elle établit clairement un cadastre politique et

éthique. En ce sens, elle constitue un tournant dans l'histoire génétique, un tournant dans l'histoire tout court.

LUNDI 13 MARS

La publication, ce 13 mars, du rapport de la Commission mondiale de l'eau suscite de ce côté du monde une inquiétude passagère et circonstancielle. Il en va tout autrement pour les hommes et les femmes dont parle ce document, ces 1,5 milliard de personnes privées d'eau salubre, ces 3 milliards d'individus ne bénéficiant pas de système d'assainissement, ces centaines de millions de nos contemporains vivant dans des conditions de morbidité liées aux épidémies et aux contagions dues à la pollution de l'eau. Ce sont plus de trente millions de personnes qui, chaque année, meurent du choléra, de la dengue, de paludisme et de parasitoses diverses causées par les effets de la pollution de l'eau.

Pour un grand nombre, l'eau est une ressource rare, extrêmement rare. Pour un grand nombre, l'eau est une ressource dégradée, voire dangereuse. Ici en Amérique, c'est le régime de l'abondance et un niveau de consommation moyenne de 600 litres par jour. Là-bas en Afrique, c'est la pénurie et un niveau de consommation moyenne de 30 litres par jour. Au Moyen-Orient, au Maghreb, dans la région nord de la Chine, en Europe du Sud et en Asie du Sud, sur la côte sud-ouest de l'Amérique du Nord et en Afrique, la ressource hydrique se fait de plus en plus rare.

Selon la Commission mondiale, les besoins s'accroîtront de 40 % d'ici 2020 en raison de l'enrichissement démographique estimé à 2 milliards de personnes pour la même période, de l'urbanisation qui doublera de 2,7 à 5,4 milliards dans les deux prochaines décennies et de la demande des secteurs industriels et agricoles.

L'eau n'a pas de substitut possible.

L'offre naturelle d'eau douce représente à peine 3 % de la quantité d'eau disponible, le reste, soit 97 %, a une teneur en sel qui le rend impropre à la consommation ou à l'utilisation à des fins industrielles ou agricoles. Or l'offre naturelle d'eau douce est aujourd'hui soumise à d'importantes limitations : certaines naturelles, tel le stockage dans les régions nordiques ou d'autres localisations inaccessibles ; d'autres consécutives à l'action humaine telle l'utilisation des multiples polluants qui compromettent sa qualité, la rendent impropre à la consommation, voire la tarissent jusqu'à l'extinction. Dans ces cas, sauf situation extrême, l'eau ne manque pas. Elle est tout simplement viciée radicalement, des nappes souterraines aux plans et aux cours d'eau. Elle est poison pour l'homme, les animaux et les plantes. Elle souille les écosystèmes, les affaiblit et en certains cas leur porte un coup fatal.

Déjà le Sommet de la Terre, en juin 1997 à New York, avait évoqué la possibilité que l'humanité manque d'eau dans les prochaines décennies et établi clairement la typologie des régions du monde susceptibles de connaître des conflits consécutifs à cette pénurie. Ainsi la ressource qualifiée d'« alpha de l'existence » par le poète britannique W. H. Auden devient un sujet d'affrontement, une donnée stratégique majeure et un enjeu pour la paix et la guerre au XXIᵉ siècle.

Le rapport de la Commission de l'eau reprend des propositions connues visant à infléchir le cours actuel des choses :

- Investissement massif dans les technologies d'assainissement et de recyclage de l'eau.
- Pratique de la vérité des prix susceptibles de promouvoir la conservation et de mettre fin au gaspillage.
- Application stricte du principe pollueur payeur, principe qui devrait valoir tant pour le secteur privé que pour le secteur public. Chaque jour, la ville de New York déverse 500 tonnes de déchets dans l'Atlantique.

– Prise en compte dans la définition et l'acceptation des grands travaux de détournement des cours d'eau, pour l'irrigation ou la production énergétique, des effets d'ensemble concernant l'accès à la ressource par les populations touchées par ces mutations. Arundhati Roy dans son livre célèbre, *Le Coût de la vie*, a inventorié ces projets pour l'Inde et conclu que « deux cent cinquante millions d'Indiens ne disposent pas d'eau potable digne de ce nom » en raison des grands travaux « entrepris au nom du développement national ».

– Développement du droit international public en matière notamment de partage des ressources des deux cent quinze grands fleuves transfrontaliers, et en matière d'organisation du marché mondial de l'eau.

Le rapport de la Commission estime à 180 milliards de dollars par année les investissements requis pour répondre aux défis posés par la crise de l'eau sur le plan mondial.

Nous voici à nouveau confrontés à la difficile question du public et du privé, de l'obligation aveuglante du premier, de l'appétit dévorant du second, peut-être de leur nécessaire complémentarité, et à l'exigence de la mise en commun de toutes les ressources disponibles.

Nous voici à nouveau confrontés à la fracture Nord–Sud, à l'évidente incapacité technologique et financière du Sud, si laissé à lui-même d'autant que la dégradation actuelle et annoncée se concentre pour l'essentiel dans la zone pauvre du monde.

Nous voici à nouveau confrontés à la nécessité d'une autorité internationale faite de la volonté des gouvernements du monde réunis autour d'un besoin fondamental pour le développement et la survie de la famille humaine.

JEUDI 16 MARS

En affirmant que « la paix et le développement constituent le fait dominant de notre temps », Deng Xiaoping a lancé la Chine dans une ère de modernisation sans précédent et placé le développement économique au premier rang de ses fameux quatre axes, la défense en fin de liste.

Ce choix a produit des effets géopolitiques majeurs. De l'avis de Lee Kuan Yew, le ministre senior de Singapour, « le centre économique du monde se déplace de la zone atlantique vers celle du Pacifique ». Déjà le volume du commerce entre les États-Unis et l'Asie excède celui prévalant entre l'Amérique et l'Europe. De plus, selon les projections « médianes », le niveau de vie dans ces deux grandes régions de l'Asie se situera en 2040 à la hauteur de celui atteint par le Japon en l'an 2000.

Au centre de ces évolutions majeures, la Chine s'impose et s'imposera, « aucune autre coalition ou combinaison des économies asiatiques ne pourront contrebalancer la puissance chinoise », affirme le père de Singapour. D'où l'intérêt et l'importance des débats internes au sein de la nouvelle puissance et notamment les positions contrastées des uns et des autres au sujet de l'affirmation de Deng Xiaoping voulant que « la paix et le développement constituent le fait dominant de notre temps ».

S'il faut en croire les analyses convergentes des agences de presse consacrées au Livre blanc sur la défense publié récemment par le gouvernement de Beijing, « la compréhension des faits dominants de notre temps » inclut désormais le « néo-interventionnisme et le néo-colonialisme économique de l'Amérique ». Ces positionnements viseraient à contenir la montée de la Chine au rang de première puissance asiatique, montée identifiée par Washington à une menace pour la sécurité de la zone pacifique.

D'où, selon Beijing, la politique américaine à l'endroit de Taiwan et la vente à ce dernier des missiles Amraam, le renforcement aussi des convergences États-Unis–Japon en matière de défense et une politique constante de contrôle de la mer de Chine méridionale, la grande voie stratégique de transport dans la région.

Le Livre blanc dénonce de plus de nombreuses politiques ou initiatives américaines: expansion de l'OTAN, interventions dites «humanitaires», projet de bouclier antimissile, agression à l'endroit de l'Irak, de l'Iran et de l'ancienne Yougoslavie. La thèse centrale soutenue par les rédacteurs du Livre blanc fait aussi sa place au nationalisme chinois. Ils s'inquiètent de la perte de souveraineté qui frappera la Chine après son accession à l'OMC et évoquent la globalisation de l'économie dont la finalité, selon eux, est de conforter la prépondérance américaine. Bref, le Livre blanc soumet au doute méthodique l'affirmation de Deng Xiaoping voulant que «la paix et le développement constituent le fait dominant de notre temps».

VENDREDI 17 MARS

De la quasi-faillite du groupe *Idirum*, la grande compagnie américaine de téléphonie par satellite du groupe *Motorola*, on peut tirer quelques enseignements d'importance:
— L'euphorie ambiante concernant l'économie de marché et le développement spectaculaire des technologies de l'information ne permet pas n'importe quelle aventure.
— Les prévisions du secteur privé de l'économie ne sont pas toujours fiables et gagnantes.
— Les erreurs dans l'appréciation du marché actuel et virtuel peuvent s'avérer extraordinairement coûteuses.

Voici une vision d'un monde à venir dominée par un système de liens satellitaires portant, grâce au sans-fil, les moyens de communication dans les lieux les plus reculés du monde.

Voici un système dont l'usage serait largement accessible en raison de ses coûts modestes et du peu d'investissement en infrastructures terrestres requis pour son installation et son utilisation.

Ce marché est céleste !

Il repose sur soixante-six satellites que l'on envisage aujourd'hui de sortir de leur orbite et dont la lancée a coûté entre 5 et 7 milliards de dollars.

Vue de si haut, l'aventure semblait sans faille et garantissait des rendements des plus juteux à l'échelle internationale.

Ce rêve s'est transformé en cauchemar en raison des avancées technologiques concurrentes, de l'inefficacité des lourds portables du projet Iridium et des mécanismes de leur recharge énergétique et notamment solaire dans plusieurs régions du monde.

DIMANCHE 19 MARS

Dans le tumulte final de la révolution maoïste, Tchang Kaï-chek s'est replié sur l'île de Taiwan où son parti « national » a dominé la vie politique et un spectaculaire développement économique depuis un demi-siècle.

Ce règne est terminé.

Dans une élection démocratique, la seconde dans l'histoire de Taiwan, le pouvoir a échappé à la vieille polyarchie et a été confié à Chen Shui-bian, chef indépendantiste, dissident, natif de l'île même. Le pouvoir de Chen Shui-bian apparaît limité. Élu avec 39 % des voix et ne disposant pas d'une majorité à l'Assemblée, le nouveau président de Taiwan devra composer avec ses adversaires et refroidir sa rhétorique souverainiste. Ce qu'il a déjà fait d'ailleurs dès sa victoire confirmée.

Divers enseignements peuvent être tirés de l'élection de Taiwan. Si Beijing se fait toujours l'avocat de la thèse d'un pays, deux systèmes, et si le premier ministre Konji a évoqué les risques de guerre, le gouvernement chinois a évité cette année la provocation militaire qui avait marqué l'élection de 1996. Cette fois, il a même proposé un nouveau départ dans la négociation entre la Chine continentale et la « province de Taiwan ». Les autorités de Beijing savent que le temps joue en leur faveur. Elles savent que leur positionnement dans les affaires du monde a un poids plus déterminant que les thèses des nouvelles autorités de Taiwan. Elles savent de plus que les liens économiques entre la grande Chine et sa province dissidente d'où provient la part la plus forte des investissements étrangers forgent une intégration de fait, profonde et durable.

Sous la rhétorique toujours un peu guerrière, de grandes négociations dominent les rapports entre les deux Chines. On en veut pour preuve cette lettre d'intention qui s'est transformée en politique récemment et qui permettra à Taiwan d'entreposer deux cent mille barils de déchets radioactifs sur le continent en contrepartie d'une aide financière et technique consentie à l'industrie nucléaire chinoise.

Il n'y aura pas de guerre entre Beijing et Taiwan. Il n'y aura pas de négociation d'État à État sur une base d'égalité. C'est la thèse d'un pays, deux systèmes qui s'impose dans les faits. Tchang Kaï-chek rêvait de reconquérir la Chine. Ses successeurs aujourd'hui négocient leur part de marché sur le continent.

De l'entrée de la Chine à l'OMC, de ses initiatives régionales de plus en plus substantielles, d'Internet qui a permis aux Chinois du continent de suivre l'élection « provinciale », des liens économiques majeurs entre les deux Chines se dégage le profil d'une lente intégration.

En choisissant de s'adresser à ses compatriotes en mandarin plutôt que dans la langue chinoise locale, le nouveau président de Taiwan illustrait l'unité virtuelle de la plus grande nation du monde, demain peut-être première puissance économique du monde.

LUNDI 20 MARS

Voici l'extrémité nord du monde, l'île de Banks entre le golfe d'Amundsen et la mer de Beaufort, l'une des terres les plus anciennement peuplées des Amériques. Des hommes y vivent depuis quatre mille ans dans l'environnement unique et ardu de l'Arctique. Ils y ont maîtrisé les forces et les rythmes de la nature. Ils ont construit un savoir considérable que Michel Butor a résumé comme suit :

> Ils tiraient la totalité de leur subsistance du milieu naturel dans lequel ils vivaient et leur économie reposait essentiellement sur le gibier qu'ils prenaient puisqu'ils se servaient de la graisse des animaux pour se chauffer et s'éclairer, de leurs peaux pour confectionner des vêtements, des tentes et des bateaux, de leurs bois et de leurs ivoires pour fabriquer des outils, des ustensiles, des armes, des parures et des objets d'art. Aussi, la chasse était une activité sacrée, indissociable de la spiritualité car, pour être fructueuse, les hommes devaient respecter et maîtriser les forces surnaturelles en observant scrupuleusement les règles livrées par les ancêtres, et avoir recours aux pratiques chamanistes et aux incantations magiques pour calmer et éloigner les esprits offensés ou maléfiques et emporter des amulettes qui les exemptaient de certains tabous et les protégeaient des maux les plus divers.

Depuis le début du XXᵉ siècle, ces conceptions ancestrales se sont conjuguées aux apports des hommes du sud, explorateurs, missionnaires, administrateurs et éducateurs. Elles sont aujourd'hui soumises à une menace plus radicale, le réchauffement de la planète.

De l'île de Banks, la leader inuite Rosemarie Kuptanu constate que « sa petite ville de Sach Harbour s'enfonce », que la chasse est devenue difficile en raison de la minceur des glaces, du dérèglement des habitudes des espèces animales et de l'arrivée d'espèces nouvelles, de maladies inconnues aussi découlant de pollen jusque-là absent du territoire. Les saisons elles-mêmes ont considérablement varié depuis une décennie : les hivers sont plus doux, les étés plus chauds, la glaciation plus tardive. Si le rythme de réchauffement se maintient, c'est l'ensemble des conditions de vie des populations inuites qui sera à jamais altéré.

Ce qui advient à Sach Harbour sur l'île de Banks surviendra ailleurs dans le monde, dans la région de l'océan Indien et de l'Asie du Sud, dans les îles du Pacifique et au nord de la Russie et de l'Asie centrale, où des centaines de millions d'hommes et de femmes verront leurs villages s'enfoncer et leur mode de vie adapté irrémédiablement ruiné.

Rosemarie Kuptana avait raison d'affirmer hier que « les événements de l'Arctique sont prémonitoires de ce qui adviendra dans d'autres régions du monde si rien n'est fait pour guérir les sites naturels des maladies des hommes ».

VENDREDI 24 MARS

Omniprésente en Asie du Sud, l'histoire s'est imposée à nouveau à l'occasion de la visite du président Clinton en Inde, au Pakistan et au Bangladesh, ces trois pays formant un triangle immense où vit plus de 20 % de l'humanité.

L'histoire ici, c'est le souvenir douloureux de l'empire britannique, souvenir évoqué par le premier ministre indien dans son discours d'accueil au Parlement indien : « notre expérience du colonialisme explique notre attachement à l'indépendance de jugement et à l'autonomie d'action ». Le message ne pouvait pas être plus clair.

L'histoire ici, c'est la douloureuse séparation de la grande colonie en deux pays antagonistes, l'Inde et le Pakistan, leurs affrontements dans la province du

Cachemire, leur expérimentation récente de la bombe nucléaire « qui a fait trembler le désert » selon le gouvernement indien, qui « a blanchi les montagnes » selon le gouvernement pakistanais.

L'histoire ici, c'est l'alliance des États-Unis avec le Pakistan durant la guerre froide, la préférence stratégique de Washington pour un État dirigé par des juntes militaires successives face à la plus grande démocratie du monde.

Pour toutes ces raisons, le périple asiatique du chef de l'exécutif américain a été entouré de précautions rhétoriques inhabituelles. Bill Clinton rappellera à plusieurs reprises « qu'il ne prétend pas parler au nom des dirigeants des pays qu'il visite et encore moins dicter leur conduite ». D'ailleurs, dans une démarche sans précédent, le président américain « *Aboard Air Force One* » a fait parvenir aux médias du monde un message portant sa signature et expliquant « ce qu'il espère accomplir durant son voyage en Asie du Sud ».

Trois objectifs majeurs justifiaient ce voyage singulier, le premier accompli par un président américain dans cette région du monde depuis un quart de siècle :

– La mise en place d'une nouvelle relation entre les États-Unis et l'Inde même au prix de heurter l'allié traditionnel pakistanais.

– L'inclusion de l'Inde et du Pakistan dans la démarche internationale visant la réduction des armes nucléaires et la signature du Traité de non-prolifération par ces deux pays.

– La recherche des conditions d'un accord avec l'Inde pour la relance de la négociation commerciale multilatérale sous l'égide de l'OMC.

Le premier objectif a été partiellement atteint. En effet, le concept et le contenu d'un « dialogue institutionnel » entre Washington et Delhi ont fait l'objet d'une entente. Elle devrait normalement se concrétiser par la rencontre annuelle des responsables de la politique étrangère des deux pays, de même que par la tenue de forums bilatéraux consacrés à la sécurité en Asie, au développement technologique et à la négociation commerciale internationale. De plus, les deux gouvernements ont convenu d'installer à Delhi « un Centre asiatique pour la gestion démocratique ». Bref, aux rencontres épisodiques et aux négociations d'urgence succèdera un mécanisme situant désormais l'Inde dans la catégorie des interlocuteurs privilégiés des États-Unis après un demi-siècle de méfiance réciproque.

L'entrée récente de l'Inde et du Pakistan dans le club des pays disposant de l'arme nucléaire constitue pour la région et le monde un événement considérable. Le président des États-Unis a fait de cette question l'un des motifs premiers justifiant son déplacement. La suite des événements lui a donné raison. L'Inde a promis de mettre fin à ses expériences nucléaires et de coopérer pour la mise en place d'un traité visant à stopper la production de matériaux fissiles et à contrôler l'exportation des technologies nucléaires. Bien que moins précis, l'engagement du Pakistan va dans le même sens.

Enfin, concernant la reprise de la négociation commerciale multilatérale, l'Inde a opposé une fin de non-recevoir à la proposition américaine d'un appel conjoint. De sérieuses différences touchant à l'agenda de la négociation, aux clauses environnementales et à celles relatives aux droits des travailleurs séparent toujours les deux capitales. Déjà à Seattle en novembre 1999, l'Inde avait conduit avec fougue une bataille qu'elle a gagnée. Elle n'a apparemment pas changé d'avis depuis.

Le très bref arrêt du président américain au Pakistan et son court et difficile séjour au Bangladesh ont, par effet de contraste, illustré l'importance nouvelle accordée par Washington à l'Inde. Avec un taux de croissance moyenne de 7 % depuis 1995, des réserves excédant les 30 milliards de dollars et des avancées majeures dans le secteur des technologies de l'information, une politique économique qui fait sa place lente mais décisive à la réforme, l'Inde constitue un marché immense et solvable. En témoignent ses besoins en matière d'infrastructures dans les secteurs des télécommunications, des transports et de l'énergie, ainsi que la rénovation de son vaste secteur agricole qui représente 25 % de sa production.

Des images venues de l'Inde à l'occasion de la visite du président américain, on retient l'immense diversité d'un pays disposant de 17 langues reconnues et de milliers de dialectes; sa force créatrice sur les plans technologique et culturel qui change aujourd'hui sa relation au monde; l'indépendance d'un pays toujours animé «par la morale paternelle et protectrice de l'État centralisé» mise en place par Nehru et la «morale maternelle, nourricière des communautés rurales majoritaires» définie par Gandhi. L'Inde illustre le grand paradoxe dominant le siècle naissant, l'immensité du changement dans la profondeur de la permanence.

DIMANCHE 26 MARS

Élu le 26 mars à la présidence de la république russe, Vladimir Poutine clôt ainsi un itinéraire exceptionnel. En moins de huit mois, ce fonctionnaire anonyme est devenu le successeur des tsars et de Lénine.

On dit l'homme secret et sans charisme, efficace et brutal, peu enclin aux spéculations intellectuelles et politiques. Ses interventions publiques répétitives tournent autour de quelques idées générales: reconnaissance de l'économie de marché, besoin d'efficience des services publics et consolidation de l'État de droit. Il brode machinalement autour de ces thèmes que l'on retrouve, sous sa signature, dans le manifeste électoral de son parti rendu public en février.

Mais de l'analyse et des regroupements des quelques entretiens majeurs qu'il a accordés depuis août 1999, date de son élévation à la fonction de premier ministre, se dégage une personnalité aux références plus larges tirées de son histoire propre et de l'histoire de son pays. Ces références importent, le règne de Vladimir Poutine s'étendra vraisemblablement loin dans les deux premières décennies du prochain siècle.

Vladimir Poutine est juriste de formation. Diplômé de la célèbre École de droit de Saint-Pétersbourg, il appartient à une tradition juridique étatique, globale et déductrice, instrument majeur du socialisme démocratique étranger au système juridique prédominant dans l'Occident «décadent». Issue à la fois de la religion orthodoxe et du marxisme-léninisme, cette tradition exclut toute référence au droit privé, laisse peu de place à la critique sauf en cas de crise extrême et craint les débats d'idées sauf pour le renforcement du système.

La seconde formation reçue par Vladimir Poutine à l'Académie du KGB vient renforcer cette culture idéologique militante. Il servira durant un quart de siècle dans la filière des renseignements politiques pratiqués d'abord en URSS et par la suite en Allemagne de l'Est où il séjourne durant de nombreuses années en lien étroit avec la Stasi, la célèbre police secrète de la République allemande de l'Est. C'est d'ailleurs dans ce pays qu'il apprend l'implosion de l'Union soviétique et l'explosion du bloc de l'Est. «J'ai eu fin 89, le sentiment que mon pays n'existait plus...», dira-t-il.

Le voici au service d'une puissance respectée, crainte, techniquement et militairement avancée, au travail dans une logique d'expansion et soudain forcé de reconnaître que cette puissance n'est plus et ne sera plus dans l'avenir prévisible ce pôle idéologique et politique alternatif dans les affaires du monde.

La chute de l'URSS entraîna la chute du communisme, l'un et l'autre constituant les cadres de référence de Vladimir Poutine. Quelle interprétation fait-il de cette colossale mutation des choses ? Destruction consécutive ou faiblesse intrinsèque d'une idéologie et d'une architecture politique ébranlées dans leurs fondements mêmes ou, selon les mots d'Alexandre Zinoviev, « catastrophe voulue et programmée par l'Occident » ? Effondrement pour des raisons internes ou défaite monumentale et définitive dans l'histoire ? Le choix des mots importe ici. Vladimir Poutine ne cesse d'évoquer une « restauration ».

C'est ainsi que la terrible guerre de Tchétchénie, « ma mission, ma mission historique », selon ses mots, vise à consolider le territoire national.

C'est ainsi que Vladimir Poutine fait de Charles de Gaulle, qui a reconstruit la France autour d'un État central fort, et de Ludwig Erhard, qui a reconstruit l'économie allemande à partir de la puissance publique, ses héros dans l'histoire contemporaine. À ces deux personnalités d'exception, il ajoute Iouri Andropov, président du KGB de 1967 à 1982 et secrétaire général du parti communiste de 1982 à 1984. Pour le nouveau président russe, ce dernier a fait figure de grand intellectuel, « capable de restaurer l'ordre et de conférer un visage humain au communisme… ».

Telles sont quelques références avancées par le nouveau président de la Russie qui, le soir de son couronnement par le peuple russe, a promis à ses concitoyens de restaurer leur foi en eux-mêmes.

MARDI 28 MARS

Baptisé « Opération vieil ami » par les services de sécurité israéliens, le pèlerinage de Jean-Paul II en Terre Sainte a fait émerger, dans la culture de l'instantanéité ambiante, l'immensité de l'histoire et ses incidences multiformes dans la longue durée des sociétés humaines.

Voici un pèlerin exceptionnel et un chef d'État dont l'action politique a dominé la fin du siècle. À l'occasion de ce voyage exceptionnel, ses gestes et ses mots sont relayés par plus de deux mille journalistes qui l'accompagnent, vus et entendus par 1,5 milliard de personnes à travers le monde. Durant cette semaine particulière, « le fait religieux a été porté au niveau du système global grâce au charisme d'un homme remarquable », écrit le correspondant du *New York Times*.

La trame du séjour de Jean-Paul II au Proche-Orient lie d'une manière subtile et forte ses deux statuts, pèlerin et chef d'État.

Deux mille ans après la vie du Christ, le pape visite la quasi-totalité des lieux saints : grotte de l'annonciation à Nazareth, grotte de la Nativité à Bethléem, chapelle du Cénacle à Jérusalem, Mont des Béatitudes en Galilée, Église du Saint-Sépulcre à Jérusalem... Il s'entretient avec les rabbins principaux du pays et avec le Mufti de Jérusalem au Temple du Mont de l'Esplanade. Avec chacun d'eux, il évoque leur statut commun « d'enfants d'Abraham », éclairant ainsi le temps spirituel loin dans la période préchrétienne.

Mais ces lieux saints sont aussi les territoires politiques que l'on sait. En l'accueillant à Tel-Aviv, le président Ezer Weizman évoque « Jérusalem comme cœur du monde juif, comme cœur du peuple juif durant toutes les générations ; Jérusalem, citée des juges, des rois et des prophètes d'Israël, capital et fierté de l'État d'Israël ».

Le ton est donné. La dimension politique affirmée. Le pèlerin est ici chef d'État au cœur de toutes les polémiques, de toutes les interprétations de l'histoire, de tous les conflits propres à cette région du monde. Il salue son hôte sans plus et évoque « l'urgence du besoin de paix pour la région entière, et pas seulement pour Israël ».

Le caricaturiste du quotidien *Le Monde* a bien saisi le moment. Il représente le pape entouré d'Ehoud Barak et de Yasser Arafat et leur disant : « merci… moi aussi, je vous souhaite la bienvenue à Jérusalem… »

Sur le plan politique, Jean-Paul II dispose d'un immense crédit dans la région, auprès des Juifs et des Palestiniens. Il est en effet le premier pape à avoir visité une synagogue, à avoir condamné l'antisémitisme identifié par lui à un crime contre Dieu, à avoir demandé pardon pour les crimes commis par les chrétiens dans l'histoire.

Sous son pontificat, le Vatican a reconnu l'État d'Israël. Après avoir visité le président israélien à sa résidence officielle, le pape entouré de survivants de l'holocauste s'est rendu au mur du souvenir à Yad Vashem. À peine audible, son intervention a ému tous ceux qui ont été les témoins de ce moment unique :

> Ici, comme à Auschwitz et tant d'autres lieux en Europe, nous sommes bouleversés par l'écho des lamentations d'un si grand nombre. Les cris et pleurs des hommes, des femmes et des enfants venus du plus profond de l'horreur qu'ils expérimentent se rendent jusqu'à nous. Comment ne pas les entendre ? Nul ne peut ignorer ou oublier ce qui s'est produit. Nul ne peut réduire l'ampleur de ce qui est advenu.

La réponse du premier ministre Barak, dont les grands-parents polonais ont été exécutés à Treblinka, est venue confirmer le rôle historique de Jean-Paul II concernant le peuple juif :

> Vous avez fait plus que tous pour que soit modifiée dans l'histoire l'attitude de l'Église à l'endroit du peuple juif et pour soigner les blessures infligées depuis de nombreux siècles.

Le moment marque le temps, les cœurs et les esprits.

Il en sera de même quand Jean-Paul II visitera un camp de réfugiés palestiniens, et à l'occasion de sa rencontre avec le président de l'Autorité palestinienne dans la résidence de ce dernier :

Personne ne peut ignorer ce que le peuple palestinien a dû souffrir ces dernières décennies. Votre tourment est présent aux yeux du monde… et il a duré trop longtemps.

Le Saint-Siège a toujours reconnu le droit naturel du peuple palestinien à avoir une patrie et à vivre en paix et en tranquillité avec les autres peuples de la région. J'ai constamment proclamé qu'il n'y aurait jamais de fin à ce triste conflit sans des garanties stables pour les droits de tous les peuples concernés, sur la base du droit international et des résolutions des Nations unies.

Certains ont qualifié le pèlerinage de Jean-Paul II de couronnement de son pontificat. Le vieillard venu de Rome n'a rien perdu de sa force spirituelle, de sa capacité à dépasser les limites des conventions et des traditions les mieux établies, à illustrer « le besoin de justice pour tous » qui fait et défait les rêves millénaires de réconciliation dans l'histoire. Une fois de plus, l'homme a fasciné le monde en privilégiant le témoignage plutôt que la spéculation.

AVRIL

Réuni au Caire, le premier Sommet Europe–Afrique traduit l'évolution géopolitique à l'œuvre dans le monde et la dimension nouvelle de la politique de coopération des pays européens. En effet, les logiques des blocs économiques et des coopérations continentales ont marqué les travaux réunissant les chefs d'État et de gouvernement des pays membres de l'Union européenne avec leurs vis-à-vis africains. Le choix effectué par les premiers de confier à la Commission européenne la définition, la gestion et l'évaluation de la politique de coopération désormais largement communautarisée, témoigne de ces mutations.

Sous les apparences d'une coopération dite renforcée, les pays du vieux continent ont baissé considérablement le volume de leur aide au développement, et notamment en direction des pays africains. Le cas de la France, qui demeure au premier rang en matière de coopération, illustre ces choix. En effet, l'aide publique française a diminué de 32 % depuis 1996. Elle ne représente plus que 0,4 % du PNB français.

Au terme d'une longue négociation interne dont les résultats constituent les bases de la négociation entre l'Union européenne et les pays en développement de l'Afrique, des Caraïbes et du Pacifique, les pays du vieux continent se sont ralliés à une nouvelle conception de l'aide publique au développement. Ses effets d'ensemble sont considérables.

Rupture avec la méthode et les missions demicentenaires de l'aide publique au développement, et priorité accordée aux paramètres de l'économie de marché : libéralisation du commerce et de l'investissement, réduction des fonctions de l'État et rôle accru pour le secteur privé et la société civile.

Préférence marquée pour les communautés économiques régionales sur les États et, en conséquence, transfert d'une partie des ressources institutionnelles et financières vers les nouvelles communautés considérées comme des interlocutrices privilégiées.

Abolition programmée de toutes politiques préférentielles au profit des règles et des normes prévues par l'Accord général sur les tarifs douaniers et le commerce de 1994 et pleine reconnaissance des pouvoirs de l'OMC.

Définition de critères de sélectivité des pays et des communautés économiques susceptibles de bénéficier des nouveaux partenariats offerts au continent. Certes, on évite l'expression « conditionnalité », mais on annonce partout « un appui particulier aux pays engagés à poursuivre et à accélérer les programmes de réformes ».

L'Union européenne se proposait d'insister sur les exigences de la démocratie et du respect des droits et libertés. De fait, le texte adopté fait référence à ces valeurs. Mais les finalités de la conférence ont été modifiées par les participants africains d'abord préoccupés par la faible part d'investissement privé sur le continent et son énorme dette extérieure, à la hauteur de 350 milliards de dollars.

Dans le cas de l'investissement, l'Union européenne a trouvé, dans sa propre logique, les motifs d'une réponse favorable. En conséquence, elle a pris l'engagement non chiffré de créer des programmes venant en soutien à l'investissement en Afrique. Elle a de plus consenti à l'abolition progressive des barrières commerciales entre les deux continents et accepté de plaider auprès de l'OMC un traitement spécial pour les pays africains.

Toujours non réglée après 15 ans de négociations et une multitude de plans, la question de la dette extérieure a dominé le Sommet du Caire. Principal obstacle au développement du continent, selon les participants africains, la dette absorbe près de 50 % des ressources nationales propres dans un grand nombre de pays. Au terme de nombreuses plaidoiries, une commission conjointe Europe-Afrique a été créée et devrait faire rapport rapidement. Ce faux-fuyant ne trompe personne. Il ne réglera rien.

Les résultats du Sommet du Caire sont décevants. De 5 % entre 1994 et 1998, le taux de croissance moyen de l'Afrique a baissé depuis à 2,5 %. Cette chute annonce des jours difficiles pour l'Afrique subsaharienne. Si le niveau d'investissements demeure marginal et si la question de la dette extérieure continue à donner lieu à des études récurrentes, alors la quasi-totalité des pays africains s'épuiseront dans des réformes formelles peu susceptibles, à elles seules, d'assurer la relance d'un continent qui comptera plus de un milliard de citoyens en 2015.

P.S. : La méthode de désendettement des pays africains proposée par la France au cours de la réunion semestrielle des ministres des finances de la zone franc ne brille pas par la simplicité des procédures qu'elle prévoit. Mais elle n'en demeure pas moins l'une des plus substantielles et des plus réalistes sur le vaste marché des formules qui, depuis le plan Baker de 1985, encombrent les chancelleries et ne concourent en rien à l'abolition voire à la réduction des dettes extérieures des pays les plus pauvres du monde.

Présentée comme un «contrat de confiance», l'offre de la France prévoit le remboursement des sommes dues par les pays débiteurs et la mise à leur disposition de ressources financières équivalentes en soutien de leurs programmes de développement. Si une partie de ces ressources risque de se perdre dans le labyrinthe des administrations, il serait incorrect de faire la fine bouche. En effet, la proposition française respecte le principe de responsabilité auquel un grand nombre de pays industrialisés sont attachés. Mais elle l'accompagne d'une offre d'investissement répondant ainsi aux attentes des pays africains.

MERCREDI 5 AVRIL

Un important sondage européen conduit par la Fondazone Nord-Est pour l'Agence romaine chargée de la préparation du jubilé 2000 révèle l'extrême ambiguïté et diversité des positions des populations européennes face à l'immigration: 25 % des répondants identifient les immigrés à un danger pour la culture et l'identité (31 % en Grande-Bretagne, 10,6 % en Espagne), 27 % à une menace pour l'emploi (32,2 % en Italie, 18,7 % en Espagne), 28 % à un péril contre l'ordre public et la sécurité des personnes (46,1 % en Italie, 13,7 % en Espagne).

Ce qui frappe dans cette enquête conduite auprès de 5000 personnes, c'est la disparité des perceptions et des préoccupations des Européens. En France et en Italie l'immigration est d'abord vue comme un péril pour l'ordre public; en Grande-Bretagne, c'est l'identité nationale qui serait compromise, en Allemagne, c'est l'emploi qui serait exposé. Alors qu'en Allemagne et en Italie, la méfiance frappe les étrangers venus d'Europe centrale et orientale, en France, elle vise les étrangers venus du tiers monde.

Danger pour les identités et les cultures, péril pour l'ordre public et menace pour l'emploi: ces catégories ne sont pas triviales. Conjuguées, elles peuvent conduire aux pires déviations xénophobes, aux pires dérèglements racistes.

Le besoin de population ira croissant en Europe et ce besoin sera comblé par l'immigration en raison de la stagnation démographique ambiante. Les résultats des travaux de la Fondazone Nord-Est appellent un investissement massif dans la recherche du « vivre ensemble différent » en un temps où l'autre ne sera plus le lointain mais le voisin, en un temps où il nous faut tous apprendre à vivre dans des sociétés qui ne peuvent plus faire l'économie des identités multiples, selon l'expression de Charles Taylor.

SAMEDI 8 AVRIL

D'où viendra l'énergie dont l'humanité aura besoin quand Philippe, mon petit-fils âgé de cinq ans, aura mon âge ?

Selon l'Institut français du pétrole, au rythme actuel de production, les réserves d'hydrocarbures seront épuisées vers 2050; un peu plus tôt pour le pétrole, un peu plus tard pour le gaz... Il faudra alors passer à autre chose ! Les ressources éoliennes, l'énergie solaire, la dynamique de l'atome sont déjà au rendez-vous. Elles constituent des gisements infinis parce que renouvelables.

Dans son numéro du 7 avril, le quotidien *Le Monde* évoque une autre source énergétique, les hydrates de méthane, ce mélange de glace et de gaz qui se forme à grande profondeur dans les océans. Certains se sont fixés dans la région arctique où le sol est gelé en permanence; d'autres se sont formés sur les talus et les plateaux continentaux, avec abondance autour des territoires de l'Amérique du Nord et sur les côtes de la mer de Chine en Asie du Nord. Pour la seule côte ouest des États-Unis, le *US Geological Survey* a estimé la réserve à 200 000 milliards de milliards de mètres cubes comparativement à 1400 milliards de milliards de mètres cubes pour le volume connu de gaz. Pour l'ensemble du monde, « les hydrates de méthane représentent des réserves gigantesques, plus importantes que les réserves de charbon, de gaz et de pétrole réunis ».

Même si la localisation connue des ressources énergétiques stockées dans les océans appartient aux territoires nationaux, ces dernières suscitent une vive compétition technologique. L'Amérique et l'Union européenne sont au travail, mais aussi l'Inde, le Japon et la Chine, pour la maîtrise des ressources énergétiques dont l'humanité aura besoin au milieu du XXIᵉ siècle.

MERCREDI 12 AVRIL

Les interrogations sur la substance de la nouvelle économie ont fait l'objet récemment d'interventions majeures aux États-Unis.

Le juge Penfield Jackson a condamné la société *Microsoft* pour infraction à la vieille loi *Sherman Antitrust Act* datant de 1890 et pour pratique prédatrice visant à décourager la compétition technologique.

Certains commentateurs ont mis en cause ce jugement en soulignant notamment que l'extraordinaire explosion informatique aux États-Unis avait largement profité d'une standardisation dont l'effet d'accélération ne peut être mis en doute.

Cette appréciation a trouvé de nouveaux fondements dans les données publiées hier par la *Federal Reserve Bank* documentant cette extraordinaire explosion. En effet, dans la courte période entre 1990 et 1999 :
– Les foyers américains disposant d'un ordinateur sont passés de 22 à 53 %.
– Les foyers américains disposant d'une connexion à Internet sont passés de 0 à 33 %.
– Le nombre d'ordinateurs personnels est passé de 9 à 43 millions.
– Le nombre de sites sur la toile est passé de 313 000 à 56 millions.

Quatre-vingt-dix pour cent de l'ensemble de ces ordinateurs disposent d'un système d'opérations fourni par *Microsoft*, assurant ainsi une formidable mobilité des usagers, d'une école à une autre, d'une administration à une autre, d'une entreprise à une autre. La compétition se situe à un autre niveau ne touchant pas directement les usagers. Elle oppose les systèmes câblés et les systèmes par satellite, le sans-fil et les lignes terrestres, pour ne citer que ces exemples. Peut-être faut-il voir dans ces distinctions le positionnement massif des Américains (67 %) qui ne partagent pas le jugement du juge Jackson.

Ces débats ont eu peu d'échos à la Conférence sur la nouvelle économie tenue à la Maison-Blanche et sur l'optimisme sans nuance qui s'en dégage. Au moment même où de nombreux commentateurs soulignent la vulnérabilité de la nouvelle économie, le caractère toujours théorique de ses retombées, la lenteur des rendements annoncés et le caractère artificiel de son financement, les invités du président Clinton célébraient la permanence de ses assises, la force de son expansion, la hauteur de ses promesses. Il s'agissait de justifier *a posteriori* l'immense investissement public consenti par Washington depuis 1992 dans le développement des technologies de l'information, de valider un choix politique et stratégique de grande portée, de défendre une chance prise au plus haut niveau par les dirigeants américains.

Réelle, la fièvre informatique a certes apporté un supplément majeur à l'économie américaine. De plus, elle lui a ouvert de vastes marchés dans le monde. Ses avancées en matière d'information et de communication ont manifestement séduit les consommateurs américains. Mais il reste à voir ce qu'elle produira réellement, ce que sera son vrai apport durable et tangible à la croissance dans la longue durée.

MARDI 18 AVRIL

Au-delà des apparences, la réunion du printemps de la Banque mondiale et du Fonds monétaire international aura permis d'approfondir la question complexe du développement des sociétés humaines et celle des effets de la mondialisation.

L'esprit de Seattle s'est à nouveau manifesté. D'un côté, la rue comme disent les médias, c'est-à-dire une coalition de quatre cent cinquante organismes nationaux et internationaux. De l'autre, la Banque mondiale et le Fonds monétaire international, ces paravents utiles pour les gouvernements qui en sont les actionnaires et, en conséquence, les décideurs.

Entre ces deux mondes, une même question : « Que faut-il faire pour que les bénéfices de la mondialisation soient équitablement répartis, quelle gestion, quels programmes, quelle finalité, quelle méthode de contrôle d'évaluation ? »

Cette question n'est pas la seule à l'ordre du jour. Pour les États et notamment les États industrialisés s'y ajoute celle de la stabilité du système financier mondial ; pour les États en développement, celle des conditionnalités. Pour « la rue » en coalition avec un nombre non négligeable d'États, celles de la fiabilité et de la transparence de la gestion et des finalités de la Banque mondiale et du Fonds monétaire international. Mais les questions relatives aux effets de la mondialisation et à la répartition de ses bénéfices sont désormais inscrites et demeurent à l'agenda de la négociation internationale.

À la vérité, le couple « rue et institutions » est une construction utile. Mais il reflète mal la réalité des protagonistes et celle des débats en cours. En effet, un grand nombre d'États partagent les analyses de la rue, analyses renforcées depuis Seattle par des intervenants respectés. On pense notamment à Gael Fosler, principal économiste du *Conference Board*, à Jeffry Sashs, économiste réputé de l'Université Harvard, et à Joseph Siglitz, économiste en chef démissionnaire de la Banque mondiale. Sous des formules différentes, ces économistes ont mis en cause la capacité de l'économie globalisée, telle qu'elle est, de contribuer à la diminution de la pauvreté dans le monde. Selon Gael Fosler, «les gains de la mondialisation sont concentrés dans les pays ayant déjà un revenu par tête supérieur à la moyenne». Selon Joseph Siglitz, «l'architecture du système financier mondial crée la pauvreté».

Dans un message largement diffusé par les médias internationaux, le président de la Banque mondiale, James Wolfensohn, se démarque avec force des analyses et des politiques de certains des États actionnaires de sa banque. Il reconnaît «que les inégalités se sont accrues dans la dernière décennie» et identifie comme suit les besoins les plus pressants de notre temps en matière de développement: «réduction de la pauvreté et des inégalités dans le monde, lutte contre la dévastation causée par le sida et les autres maladies contagieuses, partage des technologies de l'information et recherche de conditions plus équitables pour le commerce international».

L'homme qui a cherché à recentrer son institution en fonction de ces objectifs propose aujourd'hui des voies et moyens renouvelés pour son action dans le monde:
— Ouverture des marchés des pays industrialisés aux produits des pays en voie de développement, notamment dans les secteurs agricoles et du textile.
— Accélération des procédures visant le règlement de la dette extérieure des pays en développement.
— Mise en place de «coalitions dynamiques» entre les institutions internationales, les gouvernements, la société civile et le secteur privé.

La réunion de Washington a produit des résultats significatifs. Si l'évolution est indubitable, les résultats sont toujours à venir. Les leviers de pouvoir et de décision sont toujours ailleurs. Ils sont dans la volonté des pays industrialisés de soutenir une politique financière internationale nouvelle et d'inclure, dans la définition de leurs intérêts nationaux, le développement des zones sous-développées du monde.

SAMEDI 22 AVRIL

Il fut un temps où les débats d'idées produits en France intéressaient ailleurs dans le monde. Ces débats politiques, sociaux ou culturels débordaient en effet l'enceinte hexagonale et évoquaient les conditions communes à toute la famille humaine. Tel fut le cas au XVIIIe siècle à propos des droits de l'homme, en suivi du grand débat américain. Tel fut le cas au XIXe siècle au sujet de la place de la science dans la hiérarchie du savoir humain, en suivi du grand débat britannique. Tel fut le cas au début du siècle dernier concernant les conditions concrètes de l'égalité sociale des citoyens.

Puis la France a été absorbée par le drame des conflagrations récurrentes de l'Europe avant de conduire elle-même d'atroces guerres coloniales en Afrique et en Asie.

Emportée aujourd'hui par le fédéralisme européen voulu par l'Allemagne, elle a de plus en plus de difficultés à jouer les avant-gardes et ainsi à éclairer loin les consciences. Mais la France est la France et sa représentation d'elle-même n'est pas modeste. De l'exception culturelle à la force militaire intégrée européenne, de l'aide au développement à sa relation historique avec le monde arabe, elle tient avec raison et à bout de bras une certaine idée de la pluralité du monde. Voilà pourquoi on aurait souhaité plus d'audace stratégique et plus de finesse politique et culturelle dans son débat actuel concernant ce que certains nomment les arts primitifs, d'autres les arts premiers.

Dans la tradition des grands travaux illustrant les présidences successives, le président Chirac a souhaité que soit érigé un grand musée qui soit consacré aux arts primitifs, musée provisoirement nommé *Des arts et des civilisations*.

L'idée d'une telle reconnaissance est opportune. Ce qui gêne, c'est la forme retenue, la vitrine muséale

parisienne, fille des expositions coloniales, là où une audacieuse initiative aurait donné un sens révolutionnaire et
universel à l'action culturelle de la France. On pense ici à la
mise en place d'une coalition européenne visant à restituer
les témoins de leur passé aux peuples d'Asie, d'Océanie,
des Caraïbes, de l'Afrique et de l'Arctique regroupés tristement sous l'appellation de peuples premiers, visant de
plus la création conjointe avec les spécialistes des pays
concernés de réseaux de musées continentaux ou régionaux où seraient placées les collections qui ont transité par
l'Occident. Ce choix aurait marqué un pas de plus dans
la décolonisation immatérielle, dans la reconnaissance
spectaculaire de la diversité culturelle du monde… Voici
la France renouant avec force avec sa vocation d'éclaireur
des valeurs universelles!

LUNDI 24 AVRIL

Pour les trois grandes religions monothéistes, le judaïsme,
le christianisme et l'Islam, Jérusalem appartient à cette
liste privilégiée de lieux sacrés, de lieux où s'est manifestée
l'affection de Dieu pour l'humanité. Pour les peuples
d'Israël et de Palestine, Jérusalem appartient à cette liste
brève des lieux essentiels, des lieux où s'est manifestée
l'affection des hommes pour Dieu.

Le choix des mots prend ici tout son sens: appartenir, c'est-à-dire conserver, dépendre de, faire partie de,
relever de… Ces formules synonymes posent la question
politique suivante: de quel État, israélien ou palestinien,
Jérusalem doit-elle dépendre?

Élevée à la hauteur d'un premier symbole, la Ville
Sainte est considérée par l'un et l'autre comme la capitale
historique de leur État. En visite officielle en Israël, le roi
de Jordanie a formulé une espérance apparemment irréa-
liste. Que Jérusalem soit la capitale de l'un et de l'autre

État. À la réflexion, cette espérance apparaît aussi réaliste que la fondation de l'État d'Israël il y a un demi-siècle et la refondation aujourd'hui de l'État palestinien. Elle découle de cette «ironie théologique ou antithéologique» de cette idée mystérieuse «d'une terre deux fois promise, deux fois donnée».

Cette espérance sera peut-être... François Mauriac pensait que «l'histoire prend son temps et que sa prétendue accélération est liée à des apparences. Au vrai, elle ne hâte ni ne ralentit son train, qui n'est pas accordé à celui des éphémères que nous sommes.»

MAI

Plus de cinq cents membres de la force des Nations unies au Sierra Leone sont tenus en captivité par le Front uni révolutionnaire de ce pays. Dans la grande maison de verre de Manhattan, cette humiliation est profondément ressentie, et les inquiétudes concernant le sort des soldats prisonniers, bien réelles.

Comment en est-on arrivé à une situation aussi désespérante ?

Voici le Conseil de sécurité : les États-Unis, la Chine, la Russie, la Grande-Bretagne et la France et les membres non permanents du Conseil commandant au secrétaire général de créer, au nom des nations du monde, une force de sécurité afin de conforter les chances de la paix dans un tout petit État africain à peine sorti d'une guerre civile horrible marquée par les atrocités les plus innommables.

Les puissances aideront sur le plan logistique, sur ceux des communications et du transport… Mais respectant leur nouvelle doctrine, elles n'enverront pas de soldats. Ce détail est désormais la responsabilité des pays pauvres du monde que les pays riches prendront en charge s'il le faut. Le secrétaire général des Nations unies a condamné ces pratiques :

Les meilleurs gardiens de la paix sont des soldats bien entraînés. Nous avons souhaité pouvoir bénéficier des services de gouvernements performants avec des armées efficaces et des soldats bien préparés. Mais ils se sont refusés à contribuer à cette force. Alors il a fallu utiliser les seules ressources disponibles.

Kofi Annan a été sévèrement critiqué pour avoir tenu ces propos de vérité. Mais on ne peut à la fois le tenir responsable des missions des Nations unies et lui refuser les moyens indispensables à leur conduite efficace et fructueuse. Ce positionnement cynique est immoral et absurde. «Pour ce qui est de la morale, selon l'expression d'Arthur Miller, ceux-là ne peuvent jeter le filet trop loin.» Les cinq cents membres de la force des Nations unies au Sierra Leone tenus en captivité sont d'abord les victimes d'une doctrine insensée. Kofi Annan a eu raison de la dénoncer sans précaution.

MERCREDI 10 MAI

Dans son *Cantique de la connaissance*, Lubiez Milosz note que «toute maladie est une confession par le corps». Avec ses fièvres, ses anémies et l'altération de l'état général des malades, le paludisme répond en tout point à cette définition littéraire mais juste.

Première endémie infectieuse du monde, le paludisme limité à la zone intertropicale intéresse assez peu l'aristocratie pharmaceutique et médicale occidentale. D'où l'intérêt du plan annoncé à Abuja par l'Organisation mondiale de la santé (OMS) visant à faire reculer le paludisme. Sa directrice générale, Gro Harlem Brundland, restaure ainsi l'honneur d'une institution qui s'était dangereusement éloignée de sa mission en restant insensible à la prolifération du paludisme dans la zone sud du monde.

Le drame des 2,5 milliards de personnes exposées à cette maladie parasitaire est d'appartenir à la zone non solvable de l'humanité. Si rien n'est fait, les incidences sociales et économiques du paludisme seront considérables dans les années qui viennent:

– Quinze millions de personnes mourront du paludisme d'ici 2010 dont 90 % en Afrique au terme d'affreuses souffrances.

– Selon une étude du Centre pour le développement international de l'Université Harvard et du *London School of Hygiene and Tropical Medecine* dont l'hebdomadaire *Jeune Afrique* fait état dans son numéro du 9 mai, « la perte de croissance due au paludisme est estimée à près de 1,3 % par an représentant pour la période 1965-1995 une perte de 25 % soit 100 milliards du PIB africain ».

Vus d'Afrique, d'Asie du Sud et de certains pays de l'Amérique latine, les besoins de recherches sur cette pandémie, connue depuis 1880 et toujours soignée avec les mêmes médicaments depuis la Seconde Guerre mondiale, sont équivalents à ceux commandés par le sida. On pourrait notamment y consacrer les coûts des services de la dette des pays africains qui sont supérieurs de 500 % en moyenne à leur budget de santé.

LUNDI 15 MAI

Deux foyers américains sur cinq possèdent une ou plusieurs des deux cents millions d'armes à feu disséminées dans la population de ce pays. Chaque jour, cent dix personnes (40 000 par année) dont onze enfants (4 500 par année) sont tuées aux États-Unis, un nombre supérieur blessées à cause de l'utilisation criminelle ou accidentelle de cet invraisemblable arsenal privé. Il n'y a plus de lieu protégé. De l'église à la rue, du centre commercial à l'école élémentaire, des innocents tombent sous les balles.

Des millions de femmes, en ce jour de la fête des mères, ont envahi plus de soixante villes américaines et réclamé des lois et des règlements plus stricts en matière de contrôle des armes à feu, cherchant ainsi à infléchir un débat rendu indispensable par la croissance continue (plus de 10 % par année) des armes à feu dans leur société.

On reste stupéfait face à la réaction du lobby des armes et notamment par la position défendue par la *National Rifle Association* qui, avant la marche des femmes, a placardé les médias américains de la proposition suivante : l'ajout au curriculum de toutes les écoles élémentaires d'un cours consacré au maniement des armes à feu.

Dans des interventions publiques, on a aussi proposé d'armer le corps professoral et défendu le puissant argument suivant : si un plus grand nombre de bonnes personnes disposent d'armes à feu pour assurer leur protection, alors les mauvaises personnes hésiteront à les attaquer. De plus, la larme à l'œil, la *National Rifle Association* a fustigé les femmes qui n'hésitent pas à priver le pays d'une précieuse fête familiale... La réponse est venue, directe et troublante : « Nos enfants ne sont pas à l'épreuve des balles. »

MERCREDI 24 MAI

Il existe à Beyrouth un hôpital regroupant des centaines de Libanais marqués à jamais dans leur esprit par les fureurs d'une guerre atroce, les visions fulgurantes des corps déchiquetés et des ruines surgissant dans le clair-obscur de leur nuit définitive.

Je pense à ces enfants perdus du Liban en regardant ces images uniques des enfants d'Israël quittant le territoire sud du Pays des cèdres dans l'improvisation, le désordre et la peur. Ceux-là sont venus ici pour détruire les enfants de la Palestine chassés de leur territoire, chassés de la Jordanie, chassés du monde... Les voici, vingt-cinq ans plus tard, tous réunis dans une dévastation commune.

Certes, le Fatah palestinien a été écrasé. Mais le Hezbollah, dit parti de Dieu, ce croisement des volontés syrienne et iranienne, célèbre aujourd'hui sa victoire en pillant les trésors de guerre abandonnés par l'armée israélienne.

Voilà la peur qui fuit et la peur qui s'installe entre Nagua et le mont Hermon, dans la fameuse zone tampon où se retrouvent aujourd'hui dans un face-à-face qui ne dit pas son nom les soldats des Nations unies, les forces du Hezbollah, l'armée du Sud-Liban, les troupes de l'armée nationale libanaise et, jamais très loin, la puissance syrienne qui a mis le Liban sous tutelle militaire économique et politique. Voilà ce qu'a produit près d'un quart de siècle d'occupation du Sud-Liban par l'armée d'Israël.

JEUDI 25 MAI

Par un vote décisif et non partisan, le Congrès américain a mis fin au rituel vieux de vingt ans, rituel réservé aux «États hostiles» et visant à déterminer, année après année, le positionnement de la Chine dans ses relations commerciales avec les États-Unis.

Jugée humiliante par Beijing, cette pratique reflétait l'ambivalence américaine face à la puissance asiatique. Elle donnait de plus satisfaction à ceux qui, des syndicats aux coalitions conservatrices, utilisaient ce débat annuel «pour fustiger le premier régime communiste du monde», son insensibilité aux droits et libertés, son «irresponsabilité» en matière de vente d'armements nucléaires, chimiques et biologiques, sa forte compétitivité sur le grand marché intérieur américain rendue possible par le coût limité d'une main-d'œuvre dite «exploitée et captive». Mais elle donnait aussi un espace, certes toujours incertain, aux grands groupes industriels désireux de se positionner sur le «premier marché du monde».

Ce temps est révolu. Les tenants de la normalisation des rapports économiques avec la Chine ont remporté une victoire décisive, et l'administration Clinton, un trophée longuement recherché et enfin acquis. C'est un long débat, un long et intense débat géostratégique qui aura divisé l'Amérique depuis plus de 30 ans. Ce débat prend fin. Ce vote marque en effet la reconnaissance de l'évolution de l'économie chinoise devenue, selon l'évaluation de l'OCDE, «l'économie la plus dynamique du monde».

L'ancien directeur du bureau du *New York Times* à Beijing, Patrice Tyler, a décrit dans un livre clé les étapes essentielles de ce long et intense débat. Il y rappelle notamment les frustrations de Richard Nixon incapable de parfaire son initiative de reconnaissance de la Chine tant les réactions adverses qu'elle suscitait alors apparaissaient étendues et fondamentales.

Ces réactions adverses n'ont pas diminué depuis.

Elles se sont manifestées récemment à la Chambre des représentants et au Sénat, dans des milieux académiques qui comptent, au sein des grandes fédérations syndicales, des Églises et des coalitions de défense des droits humains.

Aux arguments de nature civilisationnelle évoqués avec force par ces opposants déterminés s'ajoute l'interprétation de l'histoire récente de la Chine comme «une brillante manipulation» conduite par un régime autoritaire davantage maître d'une propagande perfide que de la société chinoise à la veille d'éclater qu'il n'arrive plus à contenir. Cette perspective avait et a toujours ses théoriciens et ses porte-parole.

Dans un fameux texte publié dans le magazine *Foreign Affairs*, fin 1999, Gérald Segal disqualifiait la

Chine comme puissance économique actuelle ou virtuelle. Statistiques à l'appui (que ne fait-on pas dire aux bataillons de chiffres?), il tentait de prouver que la Chine ne compte que pour une part insignifiante dans l'économie globalisée et occupe une place secondaire dans l'équilibre militaire du monde. Sur le double plan politique et culturel, Segal cherche en vain ce que la Chine peut offrir et ne trouve qu'une longue tradition de résistance à l'évolution contemporaine des sociétés et à l'aménagement de leur interdépendance. En conséquence, le directeur de l'Institut pour les études stratégiques de Londres croit la Chine incapable d'influencer la vie internationale. « Si le maoïsme, affirme-t-il, fut une référence pour un grand nombre dans les zones sous-développées du monde, le modèle chinois n'est plus une référence pour personne au début du 21ᵉ siècle. »

Hier encore dispensatrice d'aide, la Chine est devenue la première bénéficiaire de l'aide internationale et, malgré son statut au Conseil de sécurité des Nations unies, sa contribution aux actions internationales est insignifiante. En guise de conclusion, Segal plaide pour une correction de la place de la Chine dans l'imaginaire occidental. En conséquence, « le seul État qui aspire à rivaliser dans l'avenir avec les États-Unis » doit être traité pour ce qu'il est: une puissance moyenne disposant d'un système politique archaïque et d'un système économique vétuste.

En choisissant de normaliser les rapports commerciaux des États-Unis avec la Chine, les législateurs américains n'ont manifestement pas adhéré à cette interprétation de l'histoire récente et de la situation actuelle de la Chine. Ils ont au contraire avalisé et accrédité les projections et les analyses économiques partagées par les grandes organisations internationales dont la Banque mondiale, le Fonds monétaire international et l'OCDE. Ils ont aussi souscrit à l'analyse géostratégique de l'ancien secrétaire d'État Henry Kissinger faisant du dialogue avec la Chine la condition du maintien de l'influence américaine en Asie.

Les projections et analyses économiques des grandes institutions financières internationales placent la Chine au premier rang de l'économie mondiale en 2020 au titre du pouvoir d'achat global et au troisième rang à celui du PIB, après les États-Unis et le Japon. Déjà, selon l'OCDE, la Chine est devenue le principal partenaire des pays membres de l'Organisation et le pays avec lequel leurs échanges ont le plus progressé. Dans le cas des États-Unis, ces échanges ont été multipliés par sept entre 1985 et 1995. Au titre de l'exportation aux États-Unis, la Chine comptait à peine en 1990 avec 324 millions de dollars. Mais en 1998, le volume de ces exportations dans la première puissance du monde atteignait 70 milliards de dollars, soit une croissance de 210 %. On doit rappeler aussi que la Chine a obtenu, ces dix dernières années, 20 % des investissements directs étrangers, « 115 milliards de dollars annuellement », et qu'à ce titre, elle se situe au deuxième rang après les États-Unis (198 milliards de dollars annuellement), mais avant tous les autres pays du monde.

Enregistrant un taux de croissance très largement supérieur au taux moyen des pays industrialisés, la Chine dispose de l'économie industrielle la plus large du monde avec sept millions d'entreprises, cent quarante millions de travailleurs industriels, soit l'équivalent de la force de travail de tous les pays de l'OCDE. Certes, ce secteur n'est pas toujours très efficace, mais sa transformation accélérée est en train de changer ses paramètres essentiels. Si le secteur public a connu une croissance de 7,17 % entre 1980 et 1996, les secteurs coopératif et privé ont vu les leurs croître respectivement de 21,5 % et 80 %. Cette montée en puissance des secteurs non publics de l'économie se traduit par une part croissante de la production qu'ils génèrent, 25 % en 1980, 71 % en 1996.

La réforme en cours de la politique scientifique et technologique visant le développement des télécommunications et des technologies de l'information, les biotechnologies, les matériaux nouveaux et l'espace, a aussi retenu l'attention des législateurs américains, ainsi que la montée spectaculaire des bourses de Shanghai et Shenghen. Inexistantes il y a dix ans, elles occupent aujourd'hui le second rang en Asie après la bourse de Tokyo avec 530 milliards de dollars de capitalisation. Certes, la réforme des grands secteurs industriels et financiers de la Chine n'est pas complétée, la question de l'emploi demeure préoccupante et le vieillissement rapide de sa population pose de redoutables défis aux responsables chinois.

Mais la Chine s'est réveillée. Elle est devenue un immense marché de plus en plus solvable. Selon l'OCDE, la proportion de sa population qui vit dans la pauvreté a diminué de moitié depuis le tournant historique de 1978. Les autres grands indicateurs sont eux aussi favorables. On pense notamment à l'espérance de vie, à l'instruction, à la mortalité infantile et au revenu par habitant qui ont tous enregistré des progrès remarquables. De plus, la Chine sera demain membre de l'OMC et, malgré le scepticisme d'un grand nombre, elle s'est engagée à accélérer la libéralisation en cours. De telles perspectives suscitent la convoitise compréhensible des sociétés américaines. Ces dernières l'ont fait savoir sans équivoque par des pressions dirigées notamment par les multinationales spécialisées dans les technologies de la communication: *Microsoft*, *Compaq, Lucent Technologies* et *Xerox*. Pour ces dernières, le vote du Sénat contribuera à ouvrir le marché de la Chine à leurs installations et à leurs produits.

Sur le plan géopolitique, comme nous l'avons précédemment rappelé, la thèse d'Henry Kissinger a prévalu.

À trois reprises au XXe siècle, en 1918 après la Conférence de paix de Paris, en 1945 à la fin de la Seconde

Guerre mondiale et encore en 1990 après l'effondrement de l'Union soviétique, la suprématie américaine est apparue progressant et finalement incontestée. Telles sont les apparences, nous dit l'ancien secrétaire d'État américain. Ce dernier rejette l'idée d'une politique unipolaire et affirme que les États-Unis ne sont pas dans une position leur permettant de dicter le programme global. Certes, la puissance militaire américaine est sans équivalent et son économie domine. Mais pour préserver ses positions et l'équilibre du monde, l'Amérique a besoin de partenaires. En Asie, ces derniers sont la Chine et le Japon. Sans doute influencé par Lee Kuan Yew, le fondateur et l'animateur de Singapour qui toute sa vie a accueilli les valeurs occidentales de son choix et combattu leur imposition sur l'Asie, Kissinger se fait l'avocat d'un certain relativisme politico-culturel, convaincu qu'une politique hégémonique susciterait une résistance internationale durable.

Le vote du Congrès américain éclaire loin l'avenir. Il déborde du temps court, celui de l'événement; du temps long, celui des structures et des institutions. Peut-être faut-il le situer dans le temps très long, celui des civilisations. Dans l'immédiat, il lève un obstacle politique de taille dans la relation entre la première puissance politique mondiale et le pays qui, à lui seul, représente près du quart de l'humanité.

SAMEDI 27 MAI

Dans une étude percutante, le cabinet américain *Merril Lynch* a estimé à deux mille milliards de dollars le volume des investissements dans l'éducation dans le monde pour l'année 1999. Une part de plus en plus significative de cette somme colossale est dépensée dans l'espace éducatif mondial, indissociable de l'espace économique et technologique mondial. C'est autour de ces données que s'est réuni à Vancouver le premier marché mondial de l'éducation.

Voici un champ nouveau ouvert par la mondialisation et inscrit dans la négociation commerciale multilatérale conduite par l'OMC. Déjà en 1994, lors de la signature de l'Accord de Marrakech, quarante pays ont accepté d'ouvrir leur marché éducatif à la concurrence étrangère. Ils ont ainsi consenti à l'application sur leur territoire des clauses dites de la nation la plus favorisée et de traitement national dans le secteur éducatif. Ce mouvement pourrait s'élargir dans d'éventuelles négociations.

En effet, la mise en marché des services éducatifs sur le plan mondial connaît une croissance accélérée. On a estimé le volume d'activité du commerce international dans ce secteur à 27 milliards de dollars pour 1995, à 90 milliards de dollars pour 2001. Il occupe le cinquième rang des exportations américaines de services dans le monde. Plus des deux tiers de ces exportations se déploient en Asie (Japon, Chine, Taiwan, Malaisie, Inde, Indonésie et Corée). Ce volume croissant d'affaires illustre à la fois l'ampleur des besoins éducatifs dans le monde et la capacité croissante des institutions américaines d'y répondre. Si l'Amérique occupe une place prépondérante sur ce marché, les pays industrialisés développent des politiques spécifiques pour saisir une part de cette manne.

Divers facteurs expliquent les évolutions majeures en cours quant à la mise en marché des services éducatifs sur le plan mondial.

— La recherche de revenus additionnels pour les institutions éducatives des pays développés.
— La conquête de marchés pour les sociétés nationales ou transnationales spécialisées dans l'offre éducative.
— Le développement spectaculaire de l'enseignement à distance dans le monde soutenu par l'immense potentiel des technologies de l'information.

– Les besoins de formation en ressources humaines d'un grand nombre de pays intermédiaires convaincus du potentiel de l'économie du savoir et désireux d'y participer et ceux, innombrables, des pays en développement déjà débordés et incapables d'assurer la scolarisation universelle des plus jeunes générations, même au niveau primaire.

– Les projections démographiques médianes qui font apparaître hors de tout doute les immenses besoins en matière d'éducation dans les deux premières décennies du XXIe siècle à l'échelle de la famille humaine.

En effet, la population scolaire connaîtra une spectaculaire croissance d'ici 2020. Elle comptera pour plus de un milliard pour les seuls six pays les plus peuplés du monde, 1,6 milliard si on y ajoute le continent africain. Pour les même pays, plus l'Afrique, le groupe d'âges des 5 à 14 ans totalisera 615 millions de personnes, soit le double de la population nord-américaine prévue pour 2020 et 20 % de plus que la population européenne à la même date.

Tous les déficits actuels concernant l'accès au savoir dans ces régions seront rapidement portés à la hausse : déficit de ressources financières, d'institutions, des systèmes pédagogiques, des ressources humaines... D'où l'intérêt pour les nouvelles technologies et leur application pour la transmission du savoir, les systèmes de formation à distance, les institutions virtuelles, les formes diverses d'associations et d'investissements, la mise à disposition d'offres intégrées.

Si, comme nous l'avons rappelé précédemment, la concurrence s'organise entre les pays industrialisés, la prépondérance actuelle des États-Unis n'en demeure pas moins considérable et ses effets dans le monde d'une très grande portée.

Si les formes classiques de la coopération et de l'aide publique américaine en matière éducative ne sont pas abandonnées, elles appartiennent désormais à un

environnement radicalement transformé. Là où elles dominaient, elles voient se lever une large mobilisation d'acteurs puissants visant la mise en marche de l'offre éducative à l'échelle internationale :
- Le gouvernement de Washington.
- Les gouvernements des États fédérés.
- Une forte majorité des quatre mille institutions américaines de haut savoir.
- Un grand nombre d'associations professionnelles.
- De très nombreuses sociétés américaines à dimension internationale.

Entre ces intervenants, ce sont de multiples formes d'association et de partenariat qui sont mises en place et déployées en direction du marché mondial. Cette large mobilisation d'acteurs puissants disposant de ressources considérables a d'abord servi le vaste marché national. D'une certaine manière, la société américaine est devenue un grand laboratoire éducatif. Disposant sur le plan international d'une presse spécialisée et d'outils d'évaluation, reposant sur le très vaste et puissant réseau des institutions universitaires et des corporations professionnelles, bénéficiant de l'apport d'un grand nombre de sociétés transnationales, le marché éducatif virtuel a expérimenté une multitude de situations sur le plan national qui lui donnent une très grande flexibilité sur le plan international. L'ambition, la stratégie et le travail conjugués aux intérêts culturels et économiques ont conduit la quasi-totalité des opérateurs de l'offre éducative virtuelle à se situer par rapport au « *World Campus* », selon la formule retenue par la *Pennsylvania State University*. De la même manière que l'économie nationale a été remplacée par l'économie globale, les systèmes nationaux peuvent et doivent se situer sur le plan global. Selon les tenants de cette évolution, l'ampleur des besoins de savoir scientifique, technologique, professionnel et social justifie cette mutation propre à la troisième révolution industrielle.

Telles sont en ce début de XXIᵉ siècle les conceptions dominantes et les restructurations majeures qui en découlent concernant la nature et la finalité de l'offre éducative sur le double plan national et international. D'une certaine manière, ces deux plans se confondent de plus en plus. En effet, l'offre éducative américaine s'inscrit dans la globalisation des services.

Dans son panorama de l'offre américaine, Dirr fait référence à une étude récente de la *Western Cooperative for Educational Communities* qui établit à la hauteur de 79 % la proportion des institutions américaines de haut savoir actives sur le marché international.

À cette surface correspondent des formes multiples d'occupation des marchés évoquées précédemment :
– Accueil à distance des clientèles internationales, mais selon les modes nouveaux de proximité et d'interactivité rendus possible par les technologies de l'information.
– Établissement de succursales réelles et/ou virtuelles à travers le monde.
– Mise en réseau de facultés ou de grandes écoles partageant une même ambition transnationale.

Ces méthodes tissent une présence sans équivalent des institutions américaines de haut savoir sur le plan mondial. Elles sont renforcées par d'impressionnants regroupements de ces dernières qui ont pour effet d'accélérer leur développement virtuel et d'en assurer force et cohérence. À titre d'exemple, on peut évoquer la *National Technological University* créée en 1996. Sur le mode coopératif, elle regroupe plus de cinquante institutions. On peut évoquer aussi la *Western Governors University* créée la même année et qui regroupe les institutions de haut savoir de treize États américains. Cette puissante mise en place de l'offre éducative au niveau mondial est enrichie par les programmations des corporations professionnelles et celles des grandes sociétés multinationales dont certaines assurent la formation d'un demi-million de travailleurs à travers le monde. Si cette offre apparaît aujourd'hui concentrée au double niveau universitaire et professionnel, elle pourrait s'étendre dans l'avenir aux niveaux primaire et secondaire en suivi de nombreuses expériences faites en ce sens, sur le plan national.

Le savoir, les technologies de l'information et d'immenses besoins humains sont ici réunis dans un modèle et une idéologie défiant la plus ancienne structuration du monde, les systèmes de transmission du savoir et les institutions éducatives nationales qui en constituent les pièces maîtresses.

Quel avenir y a-t-il pour ce modèle et cette idéologie dans la longue durée?

L'offre éducative peut-elle être assimilée à un service comme un autre, sans plus, et, en conséquence, peut-elle être soumise à la logique de l'économie de marché?

Quelle médiation faut-il mettre en chantier pour concilier les puissances nouvelles et l'idée de développement humain définie par Alain Tourraine «comme association d'un héritage culturel et d'un projet d'avenir... comme mobilisation d'un patrimoine culturel pour créer l'avenir»?

DIMANCHE 28 MAI

Ils sont quarante-deux à travers le monde. Leur fiscalité est favorable, leur discrétion assurée, leurs règles peu contraignantes. Ils sont apparemment bien fréquentés, 50% des actifs financiers transnationaux y transitant. Des princes et des anonymes président à leur destinée. Ils sont les paradis fiscaux. Leurs actifs financiers totalisent 5000 milliards de dollars.

Ils sont le Luxembourg, Hong Kong, Singapour, la Suisse, Dublin, Guernesey, Jersey et l'île de Man: un collectif fréquentable au système de réglementations de bonne qualité... Un grand cru, en quelque sorte!

Dans la catégorie des appellations contrôlées, on retrouve Andorre, Bahreïn, les Bermudes, Gibraltar, Lubuan, Macao, Malte et Monaco. Ceux-là disposent « de règles inférieures au premier groupe ».

Enfin voici le club offrant peu de garanties et pouvant réserver quelques surprises désagréables : Antigua, Aruba, Bahamas, Belize, les îles Caïmans, les îles Cook, Costa Rica, Chypre, Liban, Liechtenstein, les îles Marshall, l'île Maurice, Nauru, Panama, Saint-Kitts-et-Nevis, Sainte-Lucie, Saint-Vincent-et-les-Grenadines, Samoa, les Seychelles, Tuques et Caïques, Vanuatu et les îles Vierges.

Tout ici est affaire de degré selon la Banque des règlements internationaux de Bale qui a dressé cette liste et cette édifiante typologie.

Voici les quartiers privilégiés de la « société internationale incivile » dénoncée par Kofi Annan. Voici les lieux des partenaires anonymes qui ont joué un rôle décisif dans l'accélération de la crise asiatique en 1997 et sa contagion à la Russie et au Brésil. Voici Nauru, une république de 21 kilomètres où, selon la Banque nationale russe, 80 milliards de dollars auraient pris la couleur du sable et qui loge plus de quatre cents banques et sociétés dans une seule boîte postale. Voici une classe d'administrateurs, de juristes et de banquiers aux allures et aux œuvres respectables et qui, dans le cas du Liechtenstein, ont des contacts réguliers avec les cartels de la drogue, certaines organisations liées à la mafia italienne ou encore la nouvelle clientèle russe, selon un rapport des services secrets allemands du 8 avril 1999.

Chaque État reste libre de sa fiscalité et de sa réglementation dans le contexte de la mondialisation. Mais le moindre pic émergeant d'un plan d'eau quelconque ne peut, au vu et au su de tous, se soustraire aux règles communes, accueillir les fruits de la fraude fiscale, laver l'argent sale provenant du commerce des personnes, de l'armement et de la drogue et abriter les fortunes des dictateurs du monde.

Le rapport de la Banque des règlements internationaux n'est ni policier ni judiciaire. Il fournit cependant les matériaux d'une action décisive par les grands argentiers du monde. Dans ce temps dit de globalisation, il est intolérable que près d'un pays sur quatre dans le monde, dans l'obscurité juridique et financière, conforte une économie parallèle sans foi et sans loi.

LUNDI 29 MAI

Se demander ce que l'avenir réserve à l'Europe ou ce que les Européens réservent à l'avenir de leur continent, c'est évoquer les équilibres à venir du monde, les chances du maintien de la prépondérance occidentale affirmée depuis quatre siècles. Certes, la rhétorique immédiate et les contentieux commerciaux font de l'affirmation du vieux continent une espèce de lutte sans merci avec l'Amérique.

À la vérité, l'Europe et l'Amérique sont fragments d'une même civilisation, fiduciaires d'un ordre commun de valeurs fondamentales, alliées dans une vaste entreprise euro-américaine d'échange à la hauteur de 450 milliards de dollars annuellement, partenaires stratégiques dans la conduite des affaires du monde et la gestion des grandes institutions multilatérales qu'ils dominent.

Pour réels qu'ils soient, leurs désaccords se perdent dans leur destin atlantique commun. Tels sont les repères de la rencontre Europe–États-Unis tenue à Lisbonne fin mai. Bien sûr, ce positionnement partagé n'exclut pas les plus vives rivalités, ni la recherche d'un équilibre nouveau. Pour des motifs dont certains sont aujourd'hui dissipés et d'autres toujours actuels, l'Amérique a maîtrisé la relation transatlantique dans la seconde moitié du siècle. Cette maîtrise apparaît moins certaine dans le siècle naissant face à une Union européenne qui pourrait compter demain 545 millions d'habitants.

JUIN

Voici l'état du monde, depuis un demi-siècle et pour aujourd'hui, l'identification aussi des chantiers sollicitant la famille humaine tels que Kofi Annan les entrevoit. Bref, exhaustif, incisif, le document publié le 10 juin servira de référence pour le Sommet du millénaire prévu au siège des Nations unies à l'automne prochain.

Au cœur de cette vibrante synthèse, un jugement sans nuance concernant le système multilatéral mis en place après la Seconde Guerre mondiale, système qui a rendu possible l'émergence d'une nouvelle mondialisation. Ce système est « caduc » à l'avis du premier diplomate du monde. Conçu dans un contexte international, ce système ne répond plus aux exigences du système mondial prédominant aujourd'hui. D'où la nécessité d'une refondation pour conforter les chances du « vivre ensemble sur notre planète ». L'économie du document s'insère dans ce passage de l'international au mondial dont il propose une formidable lecture.

Nous voici libérés des contraintes de la guerre froide et confrontés « aux turbulences d'une ère nouvelle »; héritiers d'organisations internationales mises en place dans un monde où les deux tiers des États membres des Nations unies n'existaient pas encore, fiduciaires d'un système international conçu pour un monde de 2,5 milliards d'habitants en 1945 devenus 6 milliards aujourd'hui dont plus du tiers ont moins de 20 ans, et qui passeront à 8,5 milliards dans un quart de siècle dont 3,5 milliards auront moins de 20 ans.

Nous voici libérés du spectre de la guerre mondiale, voire de « l'agression extérieure » constituant entre 1945 et 1990 la vraie menace pour la paix et la sécurité. Nous voici entrés dans un temps « où les guerres civiles, les nettoyages ethniques et les actes de génocides, alimentés par des armes largement disponibles sur le marché mondial sont beaucoup plus meurtriers que les conflits internationaux et où les techniques de destructions massives se propagent dans l'univers clandestin des marchés illégaux et où la stabilité des sociétés est ébranlée par le terrorisme ». S'ajoutent des menaces nouvelles; « du crime organisé profitant des technologies de pointe pour se livrer dans le monde entier au trafic de drogues, d'armes, de métaux précieux et d'êtres humains ». Nous voici en ces temps où des conglomérats mondiaux du crime créent dans le monde « une société incivile » en expansion.

Nous voici libérés d'un monde cadastré par une multitude de barrières commerciales, libérés du contrôle rigoureux des mouvements de capitaux, barrières et contrôles dominants en 1945 et aujourd'hui largement abandonnés. Entre ces deux positionnements, « l'ouragan de la mondialisation » a produit ses effets. Celle-ci a notamment rendu inopérants les mécanismes institutionnels d'après-guerre construits en fonction d'économies nationales menant des coopérations avec l'extérieur et perdu toute chance de maîtriser les flux mondiaux. Prenant exemple des opérations sur devises, Kofi Annan rappelle qu'elles étaient modestes en 1945, représentaient 15 milliards de dollars par jour en 1993 et 1,5 milliard de milliards de dollars dans la dernière année du siècle.

Nous voici libérés d'une époque où les coûts des communications étaient prohibitifs, même pour les grandes corporations, où le caractère massif et coûteux du premier ordinateur créait le plus grand scepticisme sur son éventuelle utilisation par un grand nombre, où l'expression «cyberespace» était encore inconnue et où l'écologie était une branche dormante de la biologie.

Nous voici désormais dans l'ère de la mondialisation. Portées par «une mécanique de l'intégration qui semble inexorable», les transformations du monde sont manifestes : démantèlement des barrières commerciales, mobilité des capitaux, progrès technologiques et baisse des coûts des transports, des communications et de l'information, création de nombreuses sociétés commerciales dont la valeur marchande dépasse le produit intérieur brut de près de la moitié des pays membres des Nations unies.

Si l'élan de la mondialisation apparaît «irrésistible», ses bénéfices demeurent ambigus pour dire le moins :

– Ils demeurent concentrés dans un petit nombre de pays, à l'intérieur desquels ils sont inégalement répartis. Et même dans ces pays «les gens se demandent qui tient les rênes…».

– Ils exposent le monde «à des forces méconnues et imprévisibles» qui peuvent, du jour au lendemain, «mener à l'instabilité économique et à la ruine sociale». La crise financière asiatique de 1997-1998 en est un bon exemple.

– Ces forces suscitent l'inquiétude d'un grand nombre quant à l'intégrité des cultures et de la souveraineté des États.

– Ces dernières reposent sur une philosophie qui fait de l'indépendance du domaine économique et de l'expansion des marchés l'alpha et l'oméga du développement des sociétés.

À la lumière de ce qui précède, on comprend mieux l'expression «ouragan de la mondialisation», expression terrible et centrale dans l'analyse du secrétaire général des Nations unies.

Cette analyse fait aussi sa part « aux formidables perspectives ouvertes par la mondialisation : croissance économique soutenue, niveau de vie plus élevé, innovation accrue et diffusion plus rapide des technologies et des techniques de gestion, nouvelles perspectives économiques pour les individus comme pour les pays ».

Se posant en porte-parole des « peuples du monde », Kofi Annan cherche à établir les conditions susceptibles de maîtriser l'ouragan de la mondialisation pour qu'elle devienne « une force positive » pour tous les peuples du monde. Ces conditions peuvent être résumées comme suit :

– Lier à nouveau le domaine économique au tissu social et politique, et en conséquence éclairer la logique de la croissance et du développement à partir de ces trois inséparables.

– Conjuguer expansion du marché sur le plan mondial et objectifs sociaux en matière notamment de conditions de travail, d'environnement, de droits de l'homme et de lutte contre la pauvreté.

– Intégrer à nouveau le concept et la réalité de « l'intérêt général ».

– Proscrire tout positionnement hégémonique, « aucun État ne pouvant espérer venir à bout à lui seul de la plupart des problèmes auxquels nous devons faire face aujourd'hui ».

– Conforter les États, leurs forces et l'efficacité des institutions nationales et adapter les institutions internationales « aux nouvelles réalités de l'époque ». Pour Kofi Annan, « la faiblesse des États est aujourd'hui au nombre des obstacles à une gouvernance efficace, tant à l'échelon national qu'au niveau international ». En conséquence, « nous devons tout faire pour renforcer la capacité des États de gouverner et non continuer à les ébranler ». En contrepartie, ces États aux capacités renforcées doivent s'ajuster au double rôle que l'exigence du temps leur confère: «Responsables envers leur population et gardiens de notre existence sur cette planète».

S'agissant de cette fonction de «gouvernance au niveau mondial», Kofi Annan écarte «le spectre d'un gouvernement mondial» et plaide pour la démocratisation des structures de décision des Nations unies et notamment du Conseil de sécurité. Ce dernier reflète «la répartition du pouvoir et des alliances de 1945» et «sa composition ne correspond plus aux caractéristiques et aux besoins de notre monde planétaire». Cette appréciation vaut aussi pour «certains grands forums économiques». Enfin, le secrétaire général plaide pour l'inclusion de nouveaux acteurs dans le domaine public international: organismes de la société civile, secteur privé de l'économie, associations scientifiques, grandes écoles et universités…

Telles sont, pour l'essentiel, les conditions de l'état du monde et les chantiers nouveaux sollicitant la famille humaine tels que les envisage Kofi Annan. Ces perspectives sont concrétisées dans un énoncé de priorités dont l'analyse déborde les intentions de ce journal.

Sous les apparences d'un rapport circonstanciel, le secrétaire général des Nations unies utilise avec force la conjoncture internationale qui donne à l'Organisation dont il a la charge, une marge de manœuvre dont elle est privée depuis 1960.

À l'hégémonie américaine jamais identifiée dans son document mais prégnante dans son analyse, il oppose l'assemblée des gouvernements du monde; à l'affirmation de l'autorité des puissances, il oppose la souveraineté de tous les États; à la prétention de ces derniers à contenir l'ensemble des relations internationales, il oppose la richesse des sociétés civiles qu'il cherche à fédérer dans des initiatives inédites et audacieuses.

Aux gouvernements de la planète, il rappelle que leur continuel rassemblement se déploie dans un modèle institutionnel désuet et incapable de réaliser les objectifs récurrents qui lui sont fixés; à la tyrannie des marchés d'où provient «l'ouragan de la mondialisation», il oppose l'ensemble des finalités de la société humaine, économiques certes mais aussi sociales et politiques.

À l'image d'un monde emporté par la croissance, il oppose l'immense détresse de milliards d'hommes et de femmes luttant au quotidien pour leur survie immédiate.

À la représentation d'une communauté internationale enfin pacifiée, il oppose la complexité d'un temps nouveau chargé des risques les plus graves. Ce faisant, au nom des peuples du monde, il proclame avec force et réactualise les finalités des Nations unies.

VENDREDI 16 JUIN

Après la Suède et la Belgique, l'Allemagne annonce la fermeture de ses 19 centrales nucléaires pour 2021.

Première puissance européenne, membre du G7, dont les autres membres à l'exception de l'Italie font usage du nucléaire à des fins énergétiques, la grande république européenne crée un précédent de poids compte tenu notamment de sa forte dépendance (près de 40 %) à l'égard de l'énergie désormais proscrite.

Majeure, cette décision traduit le poids des verts dans la coalition aux affaires à Berlin. Elle exprime la pérennité de la puissance publique et la force du processus démocratique.

Vingt pays dans le monde utilisent l'énergie nucléaire à des fins civiles, énergie produite par près de 500 centrales dont 104 aux États-Unis, 58 en France, 53 au Japon, 35 en Grande-Bretagne, 29 en Russie, 16 en Corée du Sud, 14 en Ukraine et 11 en Inde.

Partout se poursuit un même combat écologique et sécuritaire qui met à rude épreuve les administrations à propos notamment du retraitement coûteux et à risque des déchets nucléaires et des conditions de sécurité des installations. La décision allemande pourrait avoir des effets profonds et durables sur les débats en cours dans la plupart des pays nucléarisés. Ce sera le cas notamment en France dont l'énergie nucléaire assurait 75 % de la production totale de l'électricité en 1999. Il s'agit du taux le plus élevé du monde. «Nucléaire-début de la fin», titrait le quotidien *Le Monde* dans son numéro du 16 juin.

Il fut un temps, pas très lointain, où les lobbyistes du nucléaire réussissaient à «l'imposer» comme l'énergie du troisième millénaire sur fond calamiteux de pénurie appréhendée d'énergie, d'épuisement des hydrocarbures et de discrédit jeté sur les énergies renouvelables, solaire et éolienne. Or les marchés nord-américains et européens de l'électricité sont aujourd'hui en surcapacité, les réserves de ressources pétrolifères toujours considérables et les énergies nouvelles font l'objet de recherches et d'expérimentations à un niveau jamais égalé.

Quelle énergie demain pour le monde, et notamment pour la zone asiatique?

La décision allemande permet d'envisager une ère postnucléaire et la montée en puissance du gaz, sa seule véritable solution de remplacement à moyen terme. Pour l'Europe, cette configuration de l'avenir assure notamment à la Russie et à l'Algérie des positions stratégiques déterminantes. En effet, un retour à la dépendance nucléaire n'est pas envisageable. Le «désamour atomique» déborde largement les minorités écologistes. Il rejoint une majorité substantielle de citoyens. Ces derniers sont toujours marqués par le traumatisme de Tchernobyl et la crainte d'accidents potentiels ainsi que par les risques considérables causés par les manipulations, le transport, le traitement ou le stockage à très long terme des déchets nucléaires.

Ces positionnements ont profondément marqué l'orientation des politiques énergétiques dans le monde. Il suffit de rappeler que plus de 200 centrales nucléaires ont été construites entre 1975 et 1995. Au tournant du millénaire, on dénombre 28 constructions de réacteurs, dont le quart a été abandonné depuis.

Le choix de Berlin en dit long sur « l'irréversibilité du progrès », sur cette espèce de « contre-révolution énergétique » induite par sa nouvelle politique. Qui peut prétendre désormais que la délibération a perdu son sens, les finalités étant irréversibles, universelles, incontestables ? Le choix de Berlin, pour sa part, porte d'abord sur les finalités.

SAMEDI 17 JUIN

Tout est mémoire dans la relation tumultueuse entre la France et l'Algérie ; mémoire du temps où la grande nation africaine de 30 millions d'habitants était territoire français, territoire et non-colonie ; mémoire d'une guerre terrible divisant le peuple français et, de l'autre côté de la Méditerranée, les Français d'Algérie et leurs alliés harkis et divisant aussi le peuple algérien ; mémoire recouverte d'une chape de silence et de « non-dits » comme les sédimentations sur les flancs d'un volcan.

Abdelaziz Bouteflika est en visite d'État en France, la première d'un chef d'État algérien depuis l'indépendance. Jacques Chirac souhaite la construction d'une relation apaisée et harmonieuse. Devant son invité à l'Élysée, il affirme que « l'âme de nos peuples se mêle intimement ». La mémoire ici se fait volontariste davantage tournée vers l'avenir que miroir du passé.

Le même jour, devant l'Assemblée nationale française, le premier des Algériens, père du référendum sur la concorde civile, initiateur de réformes majeures dans son pays, trace les exigences de la mémoire :

De vénérables institutions, comme l'Église, des États aussi vieux que le vôtre n'hésitent pas aujourd'hui à confesser les erreurs, et parfois les crimes les plus iniques, qui ont terni leur passé. De Galilée à la Shoah, qui fit vaciller sur ses bases la condition humaine, toutes ses mises à plat de l'histoire sont une contribution inappréciable à l'éthique de notre temps. Elles gagneraient certainement à être poursuivies et étendues, à d'autres contextes.

Le fait colonial, notamment, ne saurait être ignoré. Sortir des oubliettes du non-dit la guerre d'Algérie, en la désignant par son nom ou que vos institutions éducatives s'efforcent de rectifier dans les manuels scolaires l'image parfois déformée de certains épisodes de la colonisation, serait un pas encourageant dans l'œuvre de vérité que vous avez entreprise.

« Je pars les mains vides. » Telles auront été les dernières paroles du président Bouteflika sur le sol français.

S'agissait-il d'une déception liée à la reconversion de la dette, souhaitée par Alger et retenue par Paris ? Du peu d'empressement des investisseurs français à hausser leur prise de risque à la hauteur actuelle de 60 millions de dollars annuellement ?

S'agissait-il plutôt d'un exercice de mémoire attendu à Alger, « cette confession des erreurs et parfois des crimes » constituant une contribution inappréciable à l'éthique de notre temps ?

Les tenants de la fin de l'histoire ont apparemment mis entre parenthèses l'histoire. Ils ont mis entre parenthèses ce qui s'est passé dans l'histoire. C'est ce poids qui, avant comme après l'importante visite du premier des Algériens à Paris, pèse sur les relations franco-algériennes. En accueillant son hôte avec faste, la France a déployé la forme la plus élevée de son savoir-faire diplomatique, mais en ne s'acquittant pas de son devoir de mémoire, elle crée l'impression que «l'Algérie est une part perdue de la France, voire que la guerre d'Algérie n'est pas encore perdue» selon les termes du grand journal arabe d'Alger, l'*El Yahoum*.

Comme pour conforter la requête du président algérien, une vive polémique s'est levée en France dans les jours suivants autour du témoignage de Louisette Ighilahriz, militante indépendantiste torturée à Alger en 1957.

Publié dans *Le Monde* du 20 juin, ce témoignage est «un tissu de mensonges» selon le général Bigeard. Son collègue, le général Masson rétorque: «Le principe de la torture était accepté... les civils, membres du gouvernement trouvaient cela très bien.»

Ne vaut-il pas mieux oublier même l'inoubliable? Fernand Dumont croyait que «l'avenir de la mémoire n'est pas un divertissement d'esthète ou d'intellectuel nostalgique mais la volonté de garantir l'avenir de la liberté».

P.S. : L'histoire se fait insistante. Le jour même où le président algérien plaide à Paris pour que soient reconnus et confessés les erreurs et les crimes de la colonisation, un rapport du très puissant *MacDonald Institute* de Cambridge estime à 5 milliards de dollars les revenus tirés du trafic illégal des biens culturels, second trafic après celui de la drogue.

Ce sont les pays occidentaux qui sont ici mis en cause et notamment les pays européens dont le laxisme contrasterait avec la fermeté américaine.

Ce «vol de l'histoire» selon le titre du document a vidé le musée de Kaboul en 1993, dévasté la moitié des sites archéologiques du Mali, dépecé les temples les plus somptueux du Cambodge, pour ne citer que ces exemples.

Le rapport pointe les grands marchés, celui de Londres « où 90 % des pièces archéologiques n'affichent aucune provenance », les grands musées aussi qui exposent collections et œuvres, fruits de l'amoralisme dominant des marchés.

À quoi servent donc les conventions internationales sur les biens culturels, celles de l'UNESCO et celle plus contraignante d'Uni droit dédiée à la protection du patrimoine ?

À quoi servent donc les rencontres sur la diversité culturelle si elles ne proposent pas des règles strictes de respect des patrimoines des uns et des autres ?

« Jamais dans l'histoire, affirme le groupe de Cambridge, le pillage n'a atteint une telle ampleur au point où il apparaît impossible de développer une connaissance de la préhistoire de certaines régions du monde. »

DIMANCHE 18 JUIN

Unifiées pendant plus de treize siècles (735-1945), partageant une même histoire et une même tension pour se libérer des occupants successifs, parlant une même langue et adhérant à une même religion (confucianisme), les deux Corées sont d'installation récente (1945).

Conséquence de la Seconde Guerre mondiale, de la défaite du Japon, de l'invasion des troupes soviétiques, chinoises et américaines respectivement au Nord et au Sud du 38ᵉ parallèle, cette division représente un moment bref dans une histoire politique longue de deux millénaires.

Mais elle a marqué profondément la seconde moitié du XXᵉ siècle, donné lieu à une guerre majeure (juin 1950 à juillet 1953) entre l'Amérique et ses alliés, d'une part, venus à la rescousse de la Corée du Sud, et l'URSS et la Chine, d'autre part, appuyant la Corée du Nord. Elle a produit l'existence de deux États antinomiques, l'un figé dans le culte de Kim Il-sung et le centralisme démocratique, l'autre allié de l'Occident, défendu par les États-Unis, et récemment démocratique; l'un à l'économie exsangue s'enfonçant dans une paupérisation dramatique, l'autre occupant le neuvième rang économique sur le plan mondial. Entre les deux Corées, le 38e parallèle, des armées puissantes en attente d'un ordre décisif, une belligérance virtuelle retenue.

Fils de cette longue mémoire et de ses héritages récents et contrastés, les présidents des deux Corées, Kim Dae-jung pour le Sud et ses 50 millions d'habitants et Kim Il-sung pour le Nord avec ses 25 millions d'habitants se rencontrent dans un sommet historique à Pyongyang. Au terme d'un demi-siècle d'une tension jamais relâchée, cette première aura d'importants effets géopolitiques pour l'Asie du Nord et du Sud-Est et pour le monde.

Elle importe en priorité pour les Coréens, ces citoyens « du pays des matins calmes » qui sont formellement en guerre depuis cinquante ans, des millions de familles divisées, ces très lointaines victimes du conflit européen mondialisé au milieu du dernier siècle. Ici encore l'histoire exige son dû et impose sa présence incontournable dans la longue durée.

Un premier sommet prévu pour 1994 aurait dû lancer les travaux de réconciliation. La mort du guide suprême Kim Il-sung avait annihilé l'entreprise.

Le présent sommet est d'abord l'œuvre du président sud-coréen. Dissident pendant des décennies, prisonnier, écrivain de talent, l'homme a choisi la tribune symbolique que lui offrait l'Université libre de Berlin, superbe symbole, pour annoncer une nouvelle politique de la main tendue, proclamer son désir d'une coopération économique avec le Nord en vue de la réconciliation de tous les fils de la Corée.

Un mois plus tard, à Beijing, la Corée du Nord fait savoir qu'elle participera au sommet proposé par son ennemi du Sud. Cet accord coïncide avec une offensive diplomatique de Pyongyang pour modifier son image et sa place dans la communauté internationale. Ouverture des relations diplomatiques avec l'Italie et l'Australie; accueil d'une délégation japonaise; négociation en vue de l'adhésion à l'ASEAN; visite du leader de la Corée du Nord à Beijing et du président chinois à Pyongyang. Avec dix années de retard, la fin de la guerre froide produit ses effets dans la péninsule de l'Asie orientale.

La rencontre historique a donné lieu à d'intéressantes images. D'abord celle du «Dictateur du Nord». Présenté hier encore comme un être secret, erratique et irresponsable, le voilà devenu vif et sûr de lui, maniant l'ironie de manière parfois acerbe. Ainsi le «dernier dirigeant stalinien de la planète» est apparu aux yeux du monde comme un modéré, signataire empressé d'un communiqué conjoint évoquant la réunification nationale... L'effet de réhabilitation est réussi.

Au niveau géostratégique, la rencontre des Corées est d'une exceptionnelle importance. Si les suites attendues se confirment, il deviendra difficile, voire impossible pour Washington de continuer à considérer la péninsule coréenne comme l'un des théâtres majeurs des conflits appréhendés dans le monde. En conséquence, il apparaîtra vite déraisonnable de maintenir indéfiniment une présence militaire importante dans la région. Mais cette présence est partie d'un dispositif plus large visant à assurer à la fois la sécurité des pays amis en Asie du Nord et en Asie du Sud-Est, et à marquer la prépondérance militaire américaine dans le monde.

Dans la mesure où la paix s'enracinera dans la région, les pressions pour un retrait des troupes américaines se feront de plus en plus pressantes.

Pour la Chine, le Sommet des Corées apparaît comme une résultante féconde de sa politique régionale. C'est elle qui a accueilli sur son sol les équipes des deux

Corées responsables de la préparation du Sommet. C'est elle qui a servi d'intermédiaire entre les deux capitales coréennes et reçu le président de la Corée du Nord dans les jours qui ont précédé le Sommet, réception à laquelle elle a donné une grande importance.

Pour le Japon, c'est une partie majeure de son dispositif militaire qui assure la sécurité de la région et la sienne qui risque d'être mise à mal.

Lui faut-il consolider ces liens bilatéraux avec les États-Unis et conforter avec son grand allié les bases de sa sécurité en se dotant de moyens militaires plus importants?

Lui faut-il plutôt oublier le parapluie américain et œuvrer à de nouvelles alliances de sécurité au niveau régional?

Pour la tenue de ce Sommet, les diplomaties chinoise et américaine ont conjugué leurs efforts, mais la Chine apparaît la grande gagnante dans la mesure où son positionnement de marraine du processus de paix dans la péninsule a eu préséance sur l'omniprésence militaire américaine dans cette région du monde.

Dans le nouveau jeu mondial, ce bouleversement virtuel apparaît majeur. Il pourrait contribuer dans le temps à modifier la configuration des puissances.

SAMEDI 24 JUIN

Arrêtant les formes et les contenus de la coopération entre l'Union européenne et les 77 pays en développement de l'Afrique, des Caraïbes et du Pacifique (ACP), l'accord signé dans la capitale du Bénin le 23 juin 2000, après 18 mois d'une difficile négociation, constitue un puissant révélateur des grands malaises entourant l'aide publique au développement, ces dix dernières années. En effet, on ne compte plus les Livres blancs, les documents d'orientation, les projets de réforme de la coopération qui, de Paris à Ottawa en passant par la Banque mondiale, ont cherché à redéfinir la relation dite de coopération entre les pays riches du monde et ceux qui sont les bénéficiaires de leur aide. En parallèle, durant la même période, cette aide était réduite substantiellement, de 0,45 % à 0,28 % du PIB des pays membres de l'OCDE entre 1990 et 1998, tombant à son plus bas niveau depuis la Seconde Guerre mondiale.

Quel partenariat de coopération avec les pays « non-membres de l'économie mondiale » selon l'expression de l'OCDE dans le contexte de la globalisation des économies et dans celui créé par l'accord de Marrakech instituant l'Organisation mondiale du commerce ?

La réponse de l'Europe à cette question est contenue dans l'Accord de Cotonou. Négociée avec les pays récipiendaires de l'aide européenne, inscrite dans la moyenne durée puisqu'elle s'étend jusqu'en 2020, cette réponse mérite un examen attentif. Tous ceux qui, hors Europe, cherchent à redéployer leur politique d'aide publique au développement pourraient peut-être y trouver inspiration et direction.

Sur le plan politique, les pays bénéficiaires sont appelés à conforter la démocratie, à promouvoir l'État de droit et à protéger les droits et libertés. En cas de violation de ces engagements, un dispositif de sanction a été arrêté dont les effets sont lourds pour les délinquants.

Toujours sur le plan politique, l'Accord de Cotonou marque une préférence pour les communautés économiques régionales par rapport aux États nationaux comme partenaires dans la création des zones de libre-échange les reliant à l'Union européenne. Les éventuels partenaires privilégiés de l'Union européenne seront les communautés économiques régionales bien davantage que les États pris isolément. Les finalités de cette option sont clairement énoncées :

– Augmentation du commerce inter-États qui dans le cas de l'Afrique ne représente qu'un faible 6 % des transactions du continent.

– Augmentation des capacités de production et d'échanges en conformité avec les dispositions de l'OMC.

– Ouverture des marchés européens aux partenaires ACP et des marchés de ces derniers aux partenaires européens.

En clair, il s'agit de l'abandon de toute politique préférentielle réservée jusque-là aux pays ACP, politique préférentielle qui s'est avérée peu efficace, les pays ACP ne réussissant même pas à conserver leur part du commerce avec l'Union européenne. Cette part a chuté de 6,7 % en 1976 à 3 % en 1996.

Toujours sur le plan économique, l'Accord de Cotonou prévoit l'association des acteurs non étatiques à la programmation de la coopération avec l'Union européenne. En fait, il s'agit de l'abandon d'une politique exclusive qui faisait fi de la société civile, des opérateurs privés de l'économie et des autorités locales.

Sur le plan financier, la simplification des instruments ramenés à deux guichets : le Fonds de soutien au développement à long terme et la Facilité d'investissement. Ces outils nouveaux devraient en principe accélérer les décaissements, dégager les critères de performance et assurer un suivi plus rigoureux des sommes engagées.

Telles sont, trop rapidement évoquées, les principales dispositions de l'Accord de Cotonou. Ces dernières sont susceptibles de renouveler la coopération entre les deux continents et de conforter le développement de l'Afrique. On pense ici notamment à la consolidation de l'État de droit et à l'implication de la société civile. L'Union européenne doit se montrer intransigeante concernant ces non négociables. Il en va de même pour la reconnaissance des nouveaux interlocuteurs que sont les communautés économiques régionales, tant l'aménagement des grandes communautés économiques en Asie du Sud, en Europe et en Amérique latine facilite l'insertion de ces régions dans l'économie mondiale.

L'aide publique au développement qui, en 1998, totalisait 55 milliards de dollars, dont 30 milliards en provenance de l'Europe, apparaît bien limitée compte tenu des besoins des zones sous-développées du monde. Cette aide devrait être substantiellement enrichie. La qualité des ressources institutionnelles et celle découlant du dialogue entre les partenaires appartiennent à cet enrichissement. Voilà pourquoi le travail de l'Union européenne et des pays ACP constitue une entreprise de qualité susceptible, on l'espère, de marquer le siècle qui vient.

MARDI 27 JUIN

L'annonce de l'achèvement de la première version du génome humain, faite à Washington le 26 juin, constitue l'un des événements majeurs de l'histoire de la famille humaine. Voici désormais retracé l'édifice structurel de la vie construit durant 4 milliards d'années d'évolution des espèces vivantes et contenu dans chacune des cellules de chaque organisme vivant.

La nature et l'ampleur des analogies et des métaphores utilisées à l'occasion de cette annonce manifestent l'étendue, la portée et la valeur de l'acquis dans l'histoire de la connaissance, dans l'histoire de l'humanité.

Paraphrasant le sentiment de compréhension du langage utilisé par Dieu pour créer l'univers, sentiment exprimé par Galilée au lendemain de sa découverte du mouvement des corps célestes, le président des États-Unis affirme que l'achèvement de la première version du génome équivaut à pénétrer « le langage utilisé par Dieu pour créer la vie ». D'autres ont évoqué la « connaissance de l'alphabet nous permettant enfin de lire notre livre de référence et d'instruction ».

Outre l'espace quasi infini ouvert à l'initiative humaine par la version du génome désormais disponible, de nombreuses considérations d'ensemble se dégagent de l'annonce faite à Washington:

– Le nouveau rapport d'extrême continuité et fécondité liant science de l'information et science de la vie. David Baltimore, prix Nobel de médecine, résume comme suit ce nouveau positionnement: «La biologie moderne est d'abord science de l'information.» Ce fait explique la composition des équipes où se côtoient médecins, biologistes, biotechnologues, chimistes, technochimistes, mathématiciens, informaticiens et roboticiens.

Ce sont deux groupes rivaux américains, l'un privé, *Celera Genomics*, présidé par Craig Vender et comptant quarante-deux scientifiques, et *The National Human Genome Research Project*, présidé par Francis Collins et comptant mille cent scientifiques, qui ont aujourd'hui mis de côté leur rivalité pour effectuer l'annonce conjointe de leur découverte. Certes, le groupe public se présente comme un consortium international, mais sa composition est américaine à 65 %, britannique à 30 % et autre à 5 % (française, japonaise et chinoise). Pour l'ensemble des deux projets, outre la direction et la production des technologies requises, la présence américaine représente 82 % des équipes scientifiques.

– La célérité des travaux scientifiques constitue le second enseignement d'ensemble de l'annonce faite hier. Certes, la structure du génome a été décrite en termes généraux en 1953 par Francis Crick et James Watson. Mais leur découverte donna lieu à un scepticisme généralisé dans la communauté des biologistes. Il faudra attendre plus de trente années marquées par la controverse, le sarcasme et l'opposition pour que le Secrétariat à l'énergie des États-Unis s'empare d'une première proposition de séquençage formulée par les scientifiques des universités Harvard et de la Californie et lui donne ses premières suites. En 1988, le Congrès américain apporte son appui au programme du séquençage du génome proposé par *The National Institutes of Health*. Le projet privé conduit par *Celera Genomics* fut annoncé la même année. Bref, il aura fallu moins de quinze ans pour donner son plein aboutissement à la grande découverte de 1953 de Watson et de Crick. On a estimé à un demi-milliard de dollars le coût total de l'opération. Compte tenu des résultats obtenus, ce chiffre apparaît bien modeste si on le compare aux 115 milliards de dollars requis pour installer un télescope optique dans l'espace (*Hubble Space Telescope*).

– La place centrale occupée par la puissance publique constitue un autre enseignement de ce que certains ont qualifié « d'événement scientifique le plus important du siècle ». Comme nous l'avons noté précédemment, c'est le Secrétariat à l'énergie des États-Unis suivi par le puissant *National Institute of Health* qui, les premiers, ont cru à l'opération du séquençage du génome et l'ont lancée, le premier pour vérifier si le génome pouvait être protégé contre les mutations consécutives aux radiations nucléaires, le second aux fins d'éventuelles thérapies génétiques.

Certes, le consortium international financé par des fonds publics a subi la féroce contribution du secteur privé. Mais à l'arrivée, l'un et l'autre bénéficient d'une histoire qui les a opposés, stimulés et finalement rapprochés.

La place centrale occupée par la puissance publique a produit des effets majeurs :

– Le génome humain n'est pas la propriété d'intérêts privés. Sa mise à disposition publique témoigne de sa valeur universelle, de la possibilité pour tous, même si dans les faits, elle est réservée à un petit nombre, d'entrer dans la seconde phase d'une recherche ouverte pour les temps qui viennent.

– L'étendue de l'espace et du savoir déverrouillée par le séquençage du génome humain est difficile à imaginer. Son intelligibilité se dévoilera peu à peu. C'est une nouvelle pratique de la médecine et une réorientation fondamentale de la pharmacologie qui s'imposeront et feront apparaître « comme barbares » certaines des pratiques thérapeutiques actuelles. On pense notamment au traitement par radiation et au tout chimique dominant.

C'est le langage sur la vie organique, l'unité entre les règnes végétal et animal qui sont confirmés dans la mesure où le tout génomique est moins développé ici, plus complet là, mais identique pour le vivant. Pour paraphraser le grand philosophe Henri Bergson, le tout vivant est de même nature que le moi vivant et chaque individualité, plante, bête et homme rassemble en lui-même une partie d'une même nature, d'une même universalité. La différence est dans la proportion. David Baltimore rappelle l'essentiel :

> Les gènes de l'homme ressemblent à ceux des insectes volants, des vers de terre et à ceux des plantes... La carte du génome prouve que nous partageons les mêmes origines modestes et que la connexion est écrite dans nos gènes.

Ce sont les sources chimiques des mutations des corps, les séquences héréditaires des positionnements et des actes apparemment les plus naturels et les plus autonomes qui devront être expliquées à nouveau à partir de la connaissance des origines des instructions les plus intimes. Ces dernières créent les régularités les plus mécaniques et les dérèglements les plus persistants. Pour l'espèce humaine, l'approfondissement de la connaissance du génome pose et posera à terme la question du libre arbitre, et celle de la conscience.

Quel est donc ce savoir sur « les poussées intérieures » rendu public sur le parvis de la Maison-Blanche et susceptible d'expliquer les formes de la vie, toutes les formes de la vie ?

Que savons-nous aujourd'hui que nous ne savions pas hier?

Le séquençage du génome humain constitue une description de la forme achevée de l'ensemble des composantes de la vie organique, le sommet de sa connaissance. Ce qui reste à voir sera l'œuvre de plusieurs générations qui transformeront la photo actuelle en radiographie, dégageront les contenus vivants de cette forme statique enfin connue qu'est le génome.

L'étape suivante marquera une plongée dans la réalité la plus complexe de l'univers, un organisme vivant. Il s'agira de comprendre chaque gène, ses fonctions et son fonctionnement, son positionnement aussi dans l'ensemble, la matière, la structure et le rôle des protéines produites au sein de chacun et qui constituent le substrat de la vie. En effet, les protéines constituent l'objet premier de la biologie moderne et leur composition sera ardue à pénétrer, plus ardue vraisemblablement que le génome lui-même. Cette étape ouvre sur la compréhension de la cellule, cet espace où se déploient les activités de millions de gènes. On peut imaginer l'ampleur de cet espace par le rappel de l'existence dans le cerveau humain de cent millions de cellules nerveuses reliées entre elles par cent milliards d'interconnexions.

La troisième étape consistera à identifier et à comprendre les interrelations entre les gènes, les voies de sorties et d'entrées permettant une incessante circulation entre des millions d'unités au sein des cellules et entre ces dernières au sein de l'organisme; d'identifier et de comprendre aussi les sources énergétiques qui déclenchent des instructions biologiques dont le nombre apparaît quasi infini. Herculéenne, cette tâche a vocation de s'approcher de la totalité et de décrypter l'intention unificatrice d'une pluralité d'élans énergétiques immatériels en leurs composantes matérielles constitutives.

Enfin, de la contemplation de la totalité, il nous faudra revenir aux individualités. En effet, si la composition des organismes vivants est identique, chaque organisme comporte des variantes génétiques qui le singularisent. La combinaison «unité» et «pluralité» définit la condition commune de chaque quantité vivante.

De ce qui précède se dégage une idée de l'espace quasi infini ouvert à l'initiative humaine par la complexion du génome humain. Cette idée sera éclairée progressivement par l'approfondissement qu'on en fera et les applications qui en découleront. Peut-être n'arriverons-nous jamais à tout dire à son sujet, cet espace s'avérant illimité comme l'univers.

Ce qui domine aujourd'hui, c'est le sentiment d'un commencement de sa beauté et son mystère.

Les travaux conduits par Toga, Thompson et Holmer dans leur laboratoire d'images des systèmes de l'Université de Californie illustrent graphiquement cette part commune que nous partageons et ces variations qui font, de chaque être vivant, une entité singulière.

Cet ensemble de tâches requerra une production technologique de très haut niveau, l'humble recommencement aussi de générations de chercheurs occupés à disséquer l'infiniment petit, à dépister les sources énergétiques les plus minimes, à identifier les milliards de connexions en ne perdant jamais de vue la perspective d'ensemble du colossal chantier ouvert aujourd'hui.

Les enjeux financiers et commerciaux de l'entreprise à venir et déjà amorcée sont monumentaux. Ils intéressent au premier plan les grandes sociétés pharmaceutiques qui disposent de programmes de recherche sur le génome. Le marché actuel de médicaments excède de 300 milliards de dollars annuellement et sa mutation annoncée donne et donnera lieu à une compétition impitoyable. Sont principalement visés, la maîtrise du système immunitaire et le traitement des cancers, du diabète, des maladies cardiaques et des multiples formes de la déficience mentale.

Selon les meilleurs spécialistes, il faudra dix ans pour atteindre le stade de l'expérimentation humaine, de vingt à vingt-cinq ans pour la mise en marché de médicaments génétiques, un demi-siècle pour savoir si la science nouvelle affectera la durée de la vie, un siècle et peut-être davantage pour dresser la composition de l'ensemble des protéines produites par un organisme vivant, une éternité pour contempler le mystère de l'unité du vivant et celui de sa vertigineuse variété «sur une Terre où l'on estime que quelque dix milliards de milliards de milliards d'êtres vivants sont répandus», selon Jean Hamburger.

Le XXIᵉ siècle passera sans doute sans que soient explorés et maîtrisés les continents multiples que le génome humain recouvre et découvre. Graduellement s'imposera une nouvelle manière de comprendre la vie et de l'infléchir. William Wright a produit un premier inventaire de ce qui vient dans son ouvrage clé : *Born That Way – Genes, Behavior, Personality*.

Certains s'inquiètent des dérives possibles et des effets incalculables de ce qui vient sur le patrimoine héréditaire de l'humanité. C'est le double éternel de l'homme qui le suit, cette ombre qui accompagne sa quête immémoriale de savoir et sa maîtrise des énergies du monde. L'abondance annoncée par le séquençage du génome humain n'excède vraisemblablement pas la capacité de réflexion de l'homme. Mais cette fois, elle l'oblige à l'étendre à la compréhension et à la sauvegarde de son identité.

VENDREDI 30 JUIN

L'immigration clandestine est devenue une vaste entreprise commerciale évaluée à près de 30 milliards de dollars annuellement. Sa matière première est dispersée dans le monde: au Proche-Orient où les Kurdes cherchent à fuir l'Irak et la Turquie; dans la péninsule indienne où cinq cents millions d'hommes et de femmes vivent avec moins d'un dollar par jour; en Chine où, malgré des progrès économiques de grande portée, la pénurie quotidienne touche près de trois cents millions de personnes; en Afrique, où selon la Banque mondiale une dramatique régression des niveaux de vie condamne 50 % de la population du continent à survivre avec moins d'un dollar par jour; en Europe centrale et de l'Est où plus du tiers des citoyens disposent de moins de quatre dollars quotidiennement; dans la région des Caraïbes et en Amérique latine où se creusent toujours les écarts de richesse les plus amples du monde.

La découverte, le 19 juin, de cinquante-huit immigrants clandestins morts par suffocation entre Zeebrugge et Douves dans une remorque de dix-huit mètres, et l'évocation de leur affreuse agonie collective ont fait la manchette des médias du monde. Ces enfants de la province de Dujian en Chine avaient rêvé d'un autre destin. Ce rêve les a accompagnés tout au long de leur considérable périple. De l'Asie du Nord où ils ne pouvaient envisager de vivre jusqu'à l'extrême Europe de l'Ouest, ils ont traversé les républiques de l'Asie centrale, la Russie, la République tchèque, l'Allemagne, les Pays-Bas et la Belgique. Ils sont morts là où ils avaient rêvé de vivre, au bout de leur pèlerinage insensé.

Ce drame n'est pas singulier. En 1999, on a estimé à plus de cinq mille le nombre de clandestins morts aux portes de la riche Europe. Chaque jour dans le détroit d'Otrante entre l'Italie et l'Albanie, sur les côtes de l'Espagne, dans les ports de la Grèce, dans la mer des Caraïbes, aux frontières est de l'Europe et sud-ouest des États-Unis, des grappes de nouveaux pèlerins font naufrage, sont retournées vers leur terre d'origine ou se fondent dans les pays où ils ont rêvé de vivre.

Ils seraient 1,5 million en Europe communautaire, davantage aux États-Unis.

Continu, ce mouvement est en croissance exponentielle. Il importe d'en comprendre les causes, tant l'optique sécuritaire dominante aujourd'hui apparaît incapable de contrôler la déferlante.

Certes, il faut lutter contre les filières de passeurs et la criminalité transnationale encadrant l'affreux trafic. La vraie lutte cependant déborde ce réflexe d'un autre temps.

Ces êtres humains, affirme le Commissaire européen à la justice, Antonio Vitorino, prennent des risques insensés parce qu'ils cherchent à échapper à la pauvreté, aux menaces sur leur personne, leur famille et leurs biens ou tout simplement ils succombent à la fascination du niveau de bien-être et de liberté dont jouissent les pays développés.

Tel est le vrai chantier complexe et de longue durée, économique et éthique tout à la fois.

La pression migratoire ira en s'accentuant dans un monde où selon la Banque mondiale 1,5 milliard de personnes vivent avec moins d'un dollar par jour, 1,5 milliard aujourd'hui, 1,9 milliard en 2015. Cette pression migratoire ira en s'accentuant dans un monde où naîtront, d'ici 2020, 2 milliards d'enfants dont 85 % en Afrique, en Chine et en Inde. Cette pression migratoire ira en s'accentuant dans un monde où une personne sur cinq est privée d'eau potable.

La nouvelle économie globalisée n'a pas créé ces écarts. Elle les a peut-être accentués. Cependant sa tâche, si contraire à l'air du temps, est bien de lier croissance et développement, de créer la richesse et de contribuer à son partage mieux équilibré. C'est ce débat qui a dominé la rencontre de Seattle en décembre 1999 et la demande pressante des pays du Sud pour un accès plus large aux riches marchés du monde, ainsi qu'une vraie politique d'annulation des dettes publiques.

L'immigration clandestine n'est qu'un reflet des tensions croissantes qui risquent à terme de forcer la zone développée à se définir comme un camp retranché où domineraient la force, la répression et la négation des droits. L'héritage civilisationnel de l'Occident réduit à une simple protection économique s'en trouverait nié et la sécurité du monde, profondément compromise.

JUILLET

En ce premier jour de juillet, la France accède pour six mois à la présidence de l'Union européenne. Elle succède au Portugal et précède la Suède. Ainsi s'exerce l'autorité dans la plus importante communauté politique et économique du monde.

Paris devra conduire un exercice périlleux de concertation pour sortir « l'Europe de l'ornière » et conforter les chances de son identité et de sa puissance.

L'existence de l'Union européenne marque une rupture radicale dans l'histoire du continent et du monde. Aussi loin que l'on puisse voir dans le passé, la tension des États européens a visé à tenir en échec la volonté hégémonique des puissances continentales. D'où cette récurrence des conflits, d'affrontements et de guerres dont certaines de dimension mondiale. D'où cette projection des affrontements intra-européenne dans l'espace international. D'où aussi l'immense entreprise coloniale visant à renforcer les positionnements nationaux des uns et des autres.

Dans cette appropriation du cadastre mondial, l'Europe a trouvé d'amples réserves de richesse qu'elle s'est partagée sans état d'âme, des espaces immatériels aussi pour fixer dans les latitudes les plus lointaines un ordre de référence, le sien. Ses adversaires même les plus farouches, pour ne rien dire de ses collaborateurs les plus fidèles, ont revendiqué ou contesté cet ordre de référence en tout ou en partie. Ainsi la plus grande démocratie du monde fut durant plus d'un siècle la plus grande colonie anglaise.

Quatre siècles d'une telle prééminence ont profondément marqué la lecture d'une histoire moderne et la compréhension des filiations dans la très longue durée. Ainsi furent niées jusqu'au vertige les contributions les plus essentielles venues des autres ères de civilisation. La mise en tutelle politique exigeait une négation d'ensemble des autres systèmes de représentation et de valeurs, la mise en inhumanité du grand nombre. Pour tenir la centralité du monde durant vingt générations, l'Europe a dû inventer des systèmes de servitude, féroces et autoritaires, contenir aussi d'amples ressentiments collectifs.

La seconde moitié du XXe siècle marqua le déclin de cette prééminence même si ses effets d'ensemble, faut-il le rappeler, sont loin d'être dissipés. Le traitement fait en Occident « aux valeurs asiatiques » ces dernières décennies traduit cette très ancienne disposition à classer dans l'insignifiant tout ce qui émerge des autres héritages de l'humanité. Il en va de même de la représentation de l'Islam souvent réduite à une offensante négation des valeurs humaines les plus fondamentales.

En cette seconde moitié du XXe siècle, l'Amérique émergea comme puissance, la décolonisation comme libération et l'Asie comme cet autre pôle de croissance et de développement. Plus récemment, la Chine s'imposa à nouveau comme puissance.

Dévastée matériellement et spirituellement par sa terrible offensive et offense contre elle-même, ses valeurs et sa puissance, incapable en conséquence de maintenir sa prépondérance ancienne dans les affaires du monde, l'Europe, au lendemain de la Seconde Guerre mondiale, avait besoin d'une autre définition d'elle-même et d'autres assises pour tenir son rang. Tel est le sens de l'Union européenne. Du Traité de Rome à la constitution européenne annoncée, l'Europe aura réussi sa métamorphose en un temps bref. Elle rassemble aujourd'hui les matériaux de sa puissance et de son identité. Cette mutation constitue l'une des plus remarquables réussites de l'ère contemporaine.

Tel est l'acquis premier et majeur des travaux d'intégration des nations européennes depuis un demi-siècle : consolider et élargir à l'échelle du continent la zone de convergence, de coopération et de sécurité qu'il est devenu et l'imposer à nouveau comme puissance.

L'étape actuelle, dont la France a la charge, est d'une extrême importance. Elle a été précédée par une période d'effervescence intellectuelle et politique dont notamment la retentissante intervention de Joschaka Fisher, ministre des Affaires étrangères de la République allemande à l'Université Humboldt de Berlin.

Quo vadis Europa ?

L'analyse est redoutable, les blocages actuels et virtuels clairement dits, la finalité affirmée avec force : l'Europe ne peut être forte avec des institutions faibles. Voilà pourquoi il faut passer de la confédération à la fédération.

Quo vadis Europa ?

Le ministre allemand plaide pour la transformation de l'Union en Fédération européenne, la transformation des traités en constitution de l'Europe. Il propose de plus l'extension des pouvoirs du Parlement européen et l'élection au suffrage universel d'un président pour l'Europe. Telles sont les propositions du ministre des Affaires étrangères de la première puissance européenne et troisième puissance économique mondiale.

Monsieur Fisher dit parler en son nom propre. La précaution est sémantique tant la force de sa proposition a dominé l'analyse et le jugement des uns et des autres.

Le grand allié français prend note avec intérêt. Son ministre délégué aux Affaires européennes affirme dans *Le Monde* du 30 mai:

> Le fédéralisme ou des éléments de fédéralisme existent en Europe. La Banque centrale européenne, qui peut nier que c'est une institution fédérale? La commission à sa manière c'est une institution fédérale. La cour de justice des communautés européennes, c'est une institution fédérale. Quand on décide au Conseil des ministres à la majorité, c'est du fédéralisme. Mais ce fédéralisme est diffus, mal organisé.

Les travaux des six prochains mois visent justement à dépasser cette « mal organisation ».

L'Allemagne et la France se seraient entendues sur les éléments suivants de réforme des institutions:
– Une hypothèse de pondération des voix au Conseil européen.
– Une liste des domaines où l'unanimité serait requise.
– Un partage des responsabilités entre les États membres et les autorités européennes (mesures constitutionnelles).
– Une position commune concernant les forces armées et la défense.
– La reconnaissance de la langue allemande comme troisième langue de la Communauté, à côté du français et de l'anglais.
– L'adoption par le Sommet de Nice (novembre 2000) d'une charte des droits fondamentaux.

Il s'agit certes de parfaire l'organisation institutionnelle mais aussi de la rendre compatible avec l'élargissement prévu de 15 à 28 membres incluant la Turquie, de l'ajuster à un ensemble qui compte 375 millions d'habitants aujourd'hui et qui pourrait en compter 545 millions avant 2010.

Comment arrêter la prise de décision dans et pour un ensemble aussi vaste?

Comment départager les questions d'ensemble normalement gérées par l'autorité européenne et celles qui demeureront sous la responsabilité des gouvernements nationaux ?

Comment aménager l'autorité européenne, son gouvernement politique, comme expression d'une fédération de nations ou d'une fédération de citoyens ?

Bref, l'approfondissement et l'élargissement apparaissent inséparables... et le temps presse.

Les nations candidates se font de plus en plus critiques face à l'allongement de l'échéancier, de 2002 à 2005, et à « la dureté excessive » des conditions à remplir. Les structures actuelles et notamment celles de la Commission apparaissent bien incapables dans l'état actuel des choses d'assurer la gestion de l'Union européenne élargie.

Quo vadis Europa ?

Ces quinze nations, vingt-huit demain, peuvent-elles évoluer au même rythme ou faut-il prévoir deux agendas, l'un plus exigeant pour un noyau dur, et l'autre plus large pour tous ?

Sur ces questions considérables, les partenaires européens sont divisés. Mais contrairement à l'histoire millénaire du continent, ces divisions ne portent plus sur la lutte hégémonique des uns contre les autres mais sur les formes possibles d'un destin commun, tant il apparaît évident à toutes les nations européennes que leurs États nationaux ne sont plus capables d'agir seuls. En ce sens, avec les premières institutions internationales regroupant toutes les nations du monde, la pacification de l'Europe et les formes actuelles et à venir de son unité constituent des legs précieux du siècle, des socles pour celui qui vient.

P.S. : L'Allemagne du siècle nouveau ne dissimule pas son désir d'agir comme « grande puissance ».

Dans l'aménagement futur de l'Europe, la capacité de proposition et la place des uns et des autres dans les débats à venir sont et seront déterminants. Or, la société civile allemande et ses institutions occupent aujourd'hui la première place en Europe concernant ces à propos. La présidence de la convention préparatoire à la charte européenne des droits fondamentaux, présidence exercée par Roman Herzog, illustre ce nouveau positionnement de l'Allemagne. On dit l'ancien chef de l'État désireux de produire une proposition contraignante sur le plan juridique qui, en plus de renforcer les droits fondamentaux déjà inscrits dans la Convention européenne des droits, ferait leur place à de nouveaux droits reliés notamment à la protection des données sur les citoyens.

Les travaux de la Convention suscitent un très grand intérêt en Europe. Ils donnent lieu à d'importants débats. Deux conceptions s'affrontent, l'une favorable à un texte d'orientation, l'autre favorable à une déclaration contraignante juridiquement. Cette dernière conception est défendue par le président Herzog. Pour ce dernier et ses alliés, la charte éventuelle doit contribuer à la formation d'une identité et d'une citoyenneté européenne.

LUNDI 3 JUILLET

La grande école de la peinture mexicaine témoigne à tout jamais de l'esprit révolutionnaire d'un pays touché au cœur par une guerre civile dont l'élection de Vincente Fox Quesada marque l'épilogue lointain.

On pense ici aux œuvres monumentales de José Clemente Orozco à la gloire de Zapata ; à celles de Carlos Orozéo Roméro célébrant les victimes de la guerre nationale ; aux représentations fameuses de Diégo Rivéra exprimant les luttes agraires et les combats autochtones au moment de la conquête ; aux personnages indiens, lumineux et austères de David Alfaro Siqueiros.

Pays refuge pour les victimes de l'affreuse guerre espagnole et pour les intellectuels traqués par la quatrième internationale, les artistes, les écrivains et les chercheurs du Mexique ont célébré pendant un demi-siècle l'esprit révolutionnaire à l'œuvre dans leur nation. Tout autre est le pays dont hérite le président Fox. Membre de la trilogie nord-américaine composant l'ALENA, treizième puissance économique mondiale, deuxième partenaire commercial des États-Unis avec lesquels il effectue 80 % de ses échanges, comptant cent millions d'habitants, cent quatre-vingt-dix en 2020, le Mexique nouveau est l'un des grands centres d'innovation culturelle du continent, et le cœur de la communauté ibéro-américaine qui regroupe l'ensemble des pays ayant la langue espagnole en partage. Son influence se déploie aussi aux États-Unis où vit un citoyen mexicain sur sept et où s'imposent peu à peu la culture et la langue hispanophone.

L'élection de Vincente Fox à la présidence du Mexique enrichit la liste des alternances récentes dans le monde, de l'Indonésie au Sénégal, de la Corée au Chili, pour ne citer que ces exemples. Ainsi se concrétise et se conforte la démocratie jusque-là verrouillée dans les cadastres bornés des partis uniques, fiduciaires autoproclamés, jaloux et souvent corrompus de nations dominées.

Au-delà de ces similitudes de forme, chaque alternance exprime une expérience singulière, une étape dans une histoire unique. Dans le cas de l'alternance mexicaine, il s'agit de l'épilogue de la révolution qui, au début du XXᵉ siècle, transforma radicalement la grande république.

Portée par un mouvement populaire considérable, la révolution mexicaine produisit des effets majeurs. De la réforme agraire aux nationalisations, c'est toute une société qui s'est retrouvée encadrée par un État omniprésent, des institutions publiques et parapubliques dominantes, une bureaucratie pléthorique et toute-puissante. Aux commandes de ces multiples et complémentaires lieux de pouvoir, un parti politique né en 1930 est au pouvoir sans interruption jusqu'à l'élection de juillet 2000.

Le nouveau président du Mexique succède à 13 chefs d'État qui ont tous appartenu à la même famille politique.

Cette élection marque la fin de cette domination, de cette mainmise jalouse et sans scrupule du Parti révolutionnaire mexicain. Ce dernier représentait à l'origine la faction triomphante de la révolution de 1911.

Quelles furent les intentions originelles de ce parti et quel est le sens de son itinéraire dans la longue durée ?

Témoin privilégié et analyste rigoureux de l'histoire de son pays, le grand écrivain Octavio Paz répond comme suit à ces deux interrogations :

> Les fondateurs avaient comme modèle le parti fasciste en Italie et le parti communiste en Russie. Cependant, jamais le parti mexicain n'a manifesté de prétention idéologique totalitaire. C'est une formation sui generis, le fruit d'un compromis entre la démocratie authentique et la dictature révolutionnaire. Ce compromis a évité la guerre civile entre les factions et assuré la stabilité nécessaire au développement économique et social.

Centrale, la notion de compromis doit être entendue ici dans une perspective propre à l'Amérique latine. En effet, ce qui devait et ce qui doit toujours être réconcilié est d'un ordre particulier. Selon German Areiniegas, le grand écrivain colombien décédé en 1999, « les Espagnols n'ont pas découvert mais couvert l'Amérique latine, le continent aux sept couleurs est essentiellement indien avant d'être européen ».

Selon Areiniegas, le vernis espagnol n'a fait que « dissimuler une cause collective empreinte de légendes et de mystères, forgée au fil des siècles de complicité avec la nature… » Octavio Paz propose une même lecture du continent et de son pays quand il plaide pour la réconciliation « de ces divers passés ».

Une monarchie républicaine corrompue s'est enfin écroulée. Les causes de cet écroulement sont multiples : épuisement des équipes politiques et technocratiques en place, taux élevé de criminalité, inclusion du pays dans une communauté économique plus large, montée d'une presse indépendante et éléments récents de réforme dont notamment l'établissement d'un institut indépendant pour superviser l'élection présidentielle et un candidat de l'opposition solide et indépendant des forces de droite qui le soutenaient.

Comme en 1910, mais cette fois d'une façon non violente, c'est le besoin impératif de changement qui s'est consolidé en une majorité. On pense notamment aux quarante millions de pauvres qui, au Mexique, disposent de moins de deux dollars par jour pour vivre. Ceux-là n'ont rien à perdre.

Révolte des étudiants en 1968, dure récession de l'économie en 1994, montée de la rébellion des zappatistes depuis le milieu des années 1980, contestation consécutive aux élections présidentielles de 1994 : les signes annonciateurs d'un changement devenu indispensable se sont accumulés.

Dans la rhétorique électorale du nouveau président, ce changement doit s'incarner notamment par une acceptation large de l'économie de marché concrétisée dans un programme de privatisation qui exclut la fameuse société d'État *EMEX*, laquelle contrôle le secteur énergétique et assure 45 % des revenus de l'État central. Il passe aussi par des méthodes de vérifications rigoureuses des dépenses publiques et d'assainissement de la sécurité publique mise à mal par une corruption étendue des forces policières, par l'existence de réseaux puissants de trafiquants de drogue et une industrie prospère de passeurs d'immigrants illégaux vers le nord. L'ambition porte aussi sur la transformation de l'ALENA « en une communauté de nations débordant les seules perspectives du commerce, et incluant les dispositions visant la libre circulation des personnes et à terme la création d'une monnaie commune». Les partenaires américain et canadien ont déjà marqué leur réticence quant à la libre circulation des personnes. Pour assurer son développement, le Mexique, qui comptera en 2020 plus de cent quatre-vingts millions de citoyens, a besoin d'un taux de croissance de 6,5 à 7 %, soit 2 % de plus que la moyenne des six dernières années. Ce taux de croissance permettrait de consolider les acquis macro-économiques récents dont notamment une diminution de l'inflation, de 51 % en 1995 à 9 % en l'an 2000, et une croissance de 3 % des emplois industriels dans la même période.

Même si ces acquis étaient consolidés, le défi premier du Mexique resterait entier. Il s'agit, pour citer à nouveau Octavio Paz, de «dépasser au sein de l'économie libérale, le dilemme du marché, ce mécanisme qui crée, tout à la fois, des zones d'abondance et de pauvreté et distribue, avec une égale indifférence, des biens de consommation et sème la misère».

Voici aux portes des États-Unis un pays de cent millions de personnes dont une moitié vit dans des conditions d'extrême pauvreté, un pays où le différentiel de richesse s'est le plus creusé en faveur des plus riches comparativement à tous les autres pays de l'Amérique latine, un pays où le salaire moyen a subi une chute de 25 % dans les années 1990.

Voici un pays qui résume en lui-même le dilemme Nord-Sud, tant sa division géographique recouvre ses disparités économiques.

Voici un pays fissuré par ses histoires toujours irréconciliées et notamment celle de sa population indienne agglomérée dans le Sud rural, pauvre, dépourvue des services publics et d'écoles et marquée par d'incessantes révoltes sociales. Là se joue le drame des zappatistes dans la province de Chiapas et se déploie leur lutte contre les forces de l'ordre.

Là se laissent voir l'immense dénuement et la détresse humaine, personnelle et collective de millions de personnes laissées-pour-compte dans un pays dont les performances économiques récentes sont célébrées par les institutions financières internationales.

Dans cette zone sud, l'alternance politique a été accueillie avec joie. Elle est vue comme une première étape dans une longue marche vers la dignité et le développement.

Dans ce pays à l'esprit révolutionnaire, l'économie de marché livre sans doute l'une de ses batailles les plus exigeantes. Aux portes de l'Amérique, elle doit prouver sa capacité d'inclure le peuple des démunis du Mexique qui garde la mémoire de l'une des plus grandes révolutions du XXe siècle.

DIMANCHE 9 JUILLET

Dans la nuit lumineuse de ce 8 juillet, l'interception d'un missile assaillant par un missile antibalistique au-dessus du Pacifique n'a pas eu lieu. Lancés l'un et l'autre par le Pentagone, le premier provenait de l'atoll de Kwajalein à plus de 3500 kilomètres de la côte ouest des États-Unis et circulait à une vitesse de 8200 kilomètres à l'heure. Le second provenait d'une base militaire située à 100 kilomètres de Los Angeles et circulait à une vitesse de 27 500 kilomètres à l'heure.

Si l'expérience avait réussi, le missile antibalistique aurait été détruit et ce succès aurait servi de référence et de preuve quant à la faisabilité de la mise en place d'un système national de défense antimissiles susceptible de protéger l'Amérique contre toute forme d'attaque intercontinentale.

Ces simulations de la guerre des étoiles n'appartiennent donc plus seulement au registre du cinéma de fiction ou aux rêves troublants du président Reagan tels que les décrit l'ouvrage fameux de Frances Fitz-Gerald: *Way Out There in the Blue*. Elles donnent lieu à des décisions politiques spécifiques sous la forme notamment d'un vote favorable du Congrès américain, à des investissements majeurs, à des évaluations de coûts, ces derniers fixés à 60 milliards de dollars pour l'ensemble du projet. Elles donnent aussi lieu à des débats d'envergure aux États-Unis mêmes où la faisabilité et la pertinence du grand projet militaire divisent personnes politiques, experts, représentants des Églises et de la société civile.

Sur le plan international, l'idée d'un bouclier antimissiles américain rebute les alliés de l'Amérique, à l'exception du Japon. Elle crée de plus un puissant point de ralliement autour de la Russie et de la Chine qui se posent en adversaires irréductibles du projet américain.

Ce positionnement des uns et des autres constitue un révélateur des mutations technologiques et géopolitiques actuelles. Considérables, ces dernières peuvent être résumées comme suit:

– Importance de la trilogie des nouveaux lieux d'intervention et d'expérimentation: réalité virtuelle, continent génomique et espace. Ces trois lieux d'intervention et d'expérimentation ne sont plus des objets de spéculation, voire les matériaux de la science-fiction. Leur maîtrise est devenue stratégique dans le positionnement des puissances, dans les coalitions militaires et économiques, dans la recomposition géopolitique à l'œuvre dans le monde.

– Multiplication des puissances disposant de moyens balistiques et/ou nucléaires dans le monde. À côté des deux Grands, États-Unis et Russie, qui ont dominé les dernières décennies du siècle, voici la liste incomplète des nouveaux joueurs: le Pakistan (missile Gahanri), l'Inde (missile Agni II), la Corée du Nord (Taepo, Dong 1), Israël (Arrow) et l'Iran. Combien y aura-t-il de puissances balistiques dans le monde en 2020? Nul ne peut répondre à cette question majeure. Mais il apparaît cependant que le nombre des puissances balistiques et nucléaires est en croissance continue et que cette situation met en cause les acquis de la négociation internationale visant la limitation, le contrôle et la vérification des armements stratégiques.

Combien seront-ils en 2020 à avoir acquis cette puissance, et quels seront les effets de cet élargissement sur la structure de sécurité dans le monde?

Pour les défenseurs de l'initiative américaine, cet élargissement appelle une réponse forte de la part de la première puissance mondiale, une réponse qui soit à la hauteur des risques nouveaux, bref, une réponse qui assure la défense absolue du territoire national.

Pour les détracteurs de l'initiative américaine, elle apparaît sans commune mesure avec les menaces appréhendées, marquée de doutes sur sa faisabilité, susceptible aussi de relancer la course aux armements, et en conséquence de ruiner les acquis de la négociation internationale en matière de désarmement. On pense notamment aux Accords nucléaires Star II et Star III et au Traité ABM visant à contenir la construction d'armes balistiques. Les partenaires européens des États-Unis craignent de plus que le projet fragilise la défense de leur continent et consacre une forme d'isolationnisme américain contraire à l'esprit des engagements de défense liant les partenaires occidentaux.

Pour leur part, la Russie et la Chine sont montées conjointement à l'assaut du projet américain et cherchent à créer une coalition du refus arguant leur incapacité de se défendre dans l'éventualité où Washington donnerait une suite favorable à son grand projet militaire.

LUNDI 10 JUILLET

Dans son journal fameux *Franchises intérieures*, le grand écrivain portugais Miguel Torga écrit le 14 mai 1948 : « Enfin les Juifs ont un pays… »

Ce texte beau et généreux vient à l'esprit qui habite ce début de juillet. Réuni à Gaza, le Conseil central de l'OLP a fait connaître son intention de proclamer un État palestinien indépendant le 13 septembre 2000.

Cette annonce est faite « au peuple palestinien, à la nation arabe et aux peuples du monde ». Ses rédacteurs font appel « au droit historique du peuple palestinien à établir son État ».

Paraphrasant Miguel Torga, on aimerait pouvoir écrire : « Enfin les Palestiniens ont un pays… » Mais cette nécessité n'est pas encore accomplie.

La déclaration de l'OLP a fragilisé le gouvernement Barak, inquiété Washington qui tient toujours aux principes de réciprocité, et précipité la tenue d'un sommet tripartite réunissant le président Clinton, le président Arafat et le premier ministre Barak. On dit que des convergences d'importance sont désormais acquises concernant notamment les réfugiés, les territoires et les colonies et que les questions de sécurité et celles du statut de Jérusalem demeurent toujours irrésolues.

Un jour viendra où l'on pourra dire sans nier son amitié pour Israël : « Enfin les Palestiniens ont un pays… » Je rêve à ce jour en examinant l'histoire des Palestiniens par la photographie de Walid Khalidi publiée sous le titre « Avant leur diaspora ».

Alors une lumière éclairera l'avenir d'un Proche-Orient désormais pacifié. Shimon Peres a défini cet avenir dans les termes suivants :

> S'agissant de notre région, le Moyen-Orient, le rôle d'Israël est de contribuer à sa renaissance durable.

Ce sera un Moyen-Orient sans guerre, sans poste avancé, sans ennemi, sans fusée balistique et sans tête nucléaire. Un Moyen-Orient dans lequel les personnes, les biens et les services pourront circuler librement sans douane et sans contrôle policier...

Bref, aussi incongrue puisse-t-elle paraître aujourd'hui, l'idée d'une communauté économique du Moyen-Orient regroupant notamment le Liban, la Syrie, la Jordanie, Israël et la Palestine fera peut-être l'avenir de ce berceau des civilisations!

Préfigurant cet avenir, l'une des plus importantes sociétés de nouvelles technologies de la région, *Taskmail*, est une entreprise conjointe entre Israéliens et Jordaniens. Le *Shimon Peres Center for Peace* dispose d'un capital de 65 millions de dollars pour venir en appui à des entreprises de cette nature réunissant Palestiniens, Jordaniens et Israéliens.

JEUDI 13 JUILLET

L'idée de l'unité de l'Afrique constitue l'un des grands mythes mobilisateurs du continent dans la période postcoloniale. Elle connaît en ce mois de juillet 2000 une nouvelle phase à la suite de l'adoption à l'unanimité du Traité constitutif de l'Union africaine par les cinquante-trois pays du continent.

Le Traité sera mis en œuvre trente jours après sa ratification par trente-six États membres et remplacera le texte constitutif de l'Organisation de l'unité africaine (OUA). Ce dernier sert de référence depuis 1963 aux entreprises communes des pays africains.

Le modèle européen inspire de part en part les 33 articles du nouveau Traité et « les défis de la mondialisation » servent de justificatifs d'ensemble à une entreprise lancée non sans précipitation par le colonel Kadhafi, voilà un an à peine.

Certains, dans le monde et en Afrique, accueillent le nouveau Traité avec scepticisme. Ceux-là évoquent la qualité des textes existants, celui fondateur de l'OUA voilà près de 40 ans, celui plus récent adopté à Abuja en 1991 et instituant la Communauté économique africaine (CEA), ceux aussi des constitutions des cinq communautés régionales du continent. Ils ne voient pas ce qu'ajoute ce nouveau Traité et plaident pour la mise en œuvre des textes existants, en substitution de cette fuite en avant venue du guide de la Jamahiriya libyenne. Ceux-là enfin s'inquiètent d'une démarche dont les effets prévisibles, à leur avis, sont peu susceptibles de combler les difficultés concrètes des organismes panafricains existants, des difficultés telles que le peu de moyens pour concrétiser les objectifs retenus, pour prévenir et résoudre les conflits très nombreux affectant un grand nombre de pays du continent et en conséquence conduisant à la désaffection des populations pour ces grandes idées aux pieds d'argile. Bref, tout en marquant leur accord avec les travaux visant à construire l'interdépendance des pays de l'Afrique et, à terme, d'une grande communauté continentale, ils ne comprennent guère l'utilité du nouveau Traité pour la nécessaire mise en convergence des politiques économiques et la création d'institutions politiques communes et efficaces.

Dans cette optique, la nouvelle Union africaine apparaît comme une vue de l'esprit, inutile, coûteuse et sans avenir.

D'autres font de la modernisation de l'OUA une initiative certes osée mais indispensable pour l'avenir du continent et son insertion dans l'économie mondiale. Ceux-là évoquent les motifs suivants pour justifier l'entreprise :
– Importance de réaffirmer le besoin du continent de se penser comme un ensemble, et en conséquence

d'organiser son avenir hors des limites étroites des cadastres hérités de la colonisation.

– Nécessité de donner un souffle nouveau à l'OUA qui, après quarante ans d'existence, doit être transformée en une organisation continentale plus efficace par la mise à jour notamment de ses ressources institutionnelles, politiques et administratives.

– Besoin de réactualiser les valeurs communes de l'Afrique dans le nouveau contexte mondial, réactualisation qui, dans le texte du nouveau Traité, fait sa place à la société civile, à la promotion et à la protection des droits humains et des peuples, à la culture démocratique, à la bonne gouvernance et à l'État de droit.

– Nouvelle prise en compte du fait que la plaie des conflits en Afrique constitue un obstacle majeur au développement socio-économique du continent et bloque son intégration dans le monde.

– Intérêt pour la mise en place dans l'avenir d'institutions continentales communes : Parlement panafricain, Cour de justice de l'Union et à terme Banque centrale, Fonds monétaire et Banque africaine d'investissements.

Tels sont, pour l'essentiel, les motifs évoqués par ceux qui soutiennent l'initiative de l'ensemble des pays africains. Certes, le consensus entre ces derniers ne s'est pas dégagé spontanément. On disait les deux puissances que sont l'Afrique du Sud et le Nigeria réticentes. Mais la mise à la diète des ambitions du colonel Kadhafi a permis d'obtenir l'unanimité des pays du continent.

Sans minimiser les limites du nouveau Traité, ses défenseurs le croient susceptible de tirer l'Afrique vers le haut, de maintenir sa tension vers l'intégration contre les forces centrifuges, d'approfondir même modestement l'ambition de créer pour le continent une communauté semblable à celles qui, ailleurs dans le monde, refont partout les rapports entre les nations. Bref, pour eux, le Traité de l'Union africaine est porteur de sens. Il pourrait, si suivi d'effets, participer à la normalisation des rapports de l'Afrique au monde, à la réduction des tensions et conflits sur le continent, à la mise à niveau de ses capacités de défendre ses intérêts dans les négociations économiques et commerciales mondiales. Comme l'affirmait un signataire du nouveau Traité, après mille ans de conflits majeurs et récurrents, l'Europe a mis un demi-siècle pour institutionnaliser son interdépendance. Il faudra sans doute du temps à l'Afrique pour atteindre ce même objectif, mais tout ce qui y concourt est d'une formidable importance.

VENDREDI 14 JUILLET

La carte de la distribution du sida dans le monde recoupe en tous points celle du sous-développement : 24,5 millions de sidéens en Afrique, 6,5 millions en Asie et dans la région du Pacifique, 1,6 million dans les Caraïbes et en Amérique latine, 1,5 million pour l'Australie, la Nouvelle-Zélande, l'Europe de l'Ouest et l'Amérique du Nord réunies.

L'épidémie atteint aujourd'hui 34,3 millions de personnes et a produit 13,2 millions d'orphelins. Selon les prévisions les plus fiables, elle touchera 110 millions de personnes en 2010 et fera 45 millions d'orphelins. Ces prévisions pourraient être dépassées comme le furent toutes les prévisions depuis 1990.

Nous sommes en présence de l'une des calamités meurtrières les plus fortes de l'histoire et d'un révélateur du comportement des puissances à l'œuvre dans notre temps.

Voici une époque, la nôtre, où la recherche scientifique et l'innovation technologique imposent en tout domaine rationalité, fonctionnalité et efficience. Grâce aux innovations qui ne cessent de se multiplier, la science ouvre à l'exploration et à l'expérimentation humaine des espaces infinis; de la réalité virtuelle à celle du génome humain en passant par l'exploration de l'Univers. Les méthodologies à l'œuvre sont d'une fécondité sans précédent. Aucun cadastre ne semble capable de les contenir. Or, dans le cas du sida, le discours scientifique aura été constamment contesté et les connaissances sociales le concernant couplées aux pires préjugés.

Maladie des déviants, des Noirs, des drogués, le sida a été identifié entre 1980 et 1995 à une sanction méritée et réduit à l'effet redoutable d'une faute mortelle. Cette intrusion de l'irrationnel a jeté sur la science et la connaissance une véritable chape de plomb! Ainsi les études de Peter Piet démontrant, dès 1983, le haut taux de prévalence chez les femmes et un taux croissant de pénétration chez les hétérosexuels ont été ridiculisées et contestées «tant l'orthodoxie idéologique et l'orthodoxie sexuelle, selon le mot d'Octavio Paz, sont toujours les alliées de la xénophobie». Cette maladie était et devait demeurer celle des autres, des déviants, des drogués, des groupes sexuellement minoritaires…!

Durant un temps trop long, ce triste assemblage des pires préjugés a dominé le discours, l'analyse et les objectifs et figé les pouvoirs publics dans une inertie terrible.

L'administration américaine dispose depuis plus de dix ans de projections fixant à quarante-cinq millions le nombre de malades vers l'an 2000. Même à cette hauteur, «la maladie des autres» ne produit qu'apathie, discours de circonstance, voire grossières moqueries.

Détentrice dès 1990 d'une information considérable sur la grande pandémie, l'Organisation mondiale de la santé (OMS) pour sa part refusa d'intervenir et d'investir. Là aussi on contemplait de haut et de loin les «*promiscious few*» qui payaient pour leur errance. Voici les fiduciaires du maintien quantitatif et qualitatif des conditions de la santé dans le monde, chargés par mandat, mission et fonctions d'éclairer la communauté internationale, les gouvernements et les sociétés civiles de l'ampleur de la menace qu'ils connaissaient. Drapés dans une immunité d'un autre âge, ceux-là s'appliquèrent à minimiser, voire à nier, l'ampleur d'une menace considérable qui a déjà fait 50 fois plus de morts que les guerres de Bosnie et du Kosovo réunies. Il y a dans cette politique des dirigeants de l'OMS un refus d'assistance à l'humanité en danger qui rend scandaleuse leur immunité.

La tragédie du sida révèle aussi une dimension de l'économie de marché contraire à l'intérêt public et au bien commun. Elle montre son orgueilleuse souveraineté, même confrontée aux besoins vitaux de millions d'hommes et de femmes dans le monde. Certes, les multinationales pharmaceutiques disposent d'arguments de taille : hauteur de leurs investissements en recherche et développement estimés à 500 millions de dollars pour chaque nouveau médicament, coût de la mise en marché de nouveaux produits, détention de monopoles certes, mais dont la durée est limitée.

Au moment même où ces arguments sont servis par les grands laboratoires, la plus prestigieuse revue médicale américaine, *The New England Journal of Medecine*, fustige l'industrie pharmaceutique, sa pratique des prix, l'ampleur de ses investissements dans la mise en marché et la production de variantes de médicaments déjà existants sans effets nouveaux. Concernant les des risques encourus dans le développement des nouveaux médicaments, les rédacteurs de la revue médicale américaine rappellent que l'industrie pharmaceutique est la plus profitable dans leur pays avant même celle des services financiers, que ses profits approchent les 30 %, qu'elle est hautement subventionnée et qu'elle jouit d'une fiscalité favorable (16,2 % comparativement à 27,3 % pour des secteurs comparables). À l'échelle du monde, l'industrie pharmaceutique compte pour 300 milliards de dollars et sa puissance auprès des pouvoirs publics est considérable.

En mai 1990, cinq firmes, allemande, américaine, suisse et britannique, se sont rapprochées du programme des Nations unies sur le VIH (ONU Sida) afin « de travailler à définir les moyens d'élargir l'accès aux soins, tout en assurant une utilisation rationnelle, financièrement accessible, sûre et sans danger du traitement des maladies liées au sida dans les pays en développement ».

Là où s'impose la fin des monopoles en raison de l'ampleur du drame affectant la famille humaine, là où il faut produire massivement des médicaments génériques dont les coûts fluctuent de 0,60 $ à 18 $ l'unité pour les comprimés de fluconazole dont l'efficacité contre les formes virulentes du sida est prouvée pour ne citer que cet exemple, on se contente d'un rapprochement « afin de travailler à définir les moyens… ». Certes les Nations unies ne sont pas ici mises en cause. L'initiative de l'ONU vaut mieux que l'absence de volonté politique de ses États membres et des puissances qui composent son exécutif.

Sans une production massive de médicaments peu coûteux, déjà produits notamment en Thaïlande et mis à la disposition des responsables des soins de santé dans les pays pauvres du monde, des dizaines de millions de personnes mourront dans d'affreuses souffrances.

Le cas du sida illustre une autre dimension de la politique des grandes sociétés pharmaceutiques, leur quasi-indifférence pour les maladies tropicales. Ce positionnement s'explique par un choix délibéré visant à servir les clientèles solvables du monde (2,5 milliards de personnes) et à laisser à elles-mêmes celles qui ne le sont pas (plus ou moins 3,5 milliards de personnes). Comme le rappelait récemment le président du Comité des relations internationales de la Chambre des représentants du Congrès américain : « Les coûts à venir pour combattre les maladies infectieuses qui se renforcent dans le monde seront incomparablement plus élevés que les 15 milliards sur dix ans requis pour les contenir aujourd'hui. »

Le rapport 2000 de l'ONU Sida et la tenue de la 13ᵉ conférence internationale sur le sida à Durham, en Afrique du Sud, ont pour un temps bref retenu l'attention des médias internationaux. Personne ne peut plaider l'ignorance.

Tout doit être fait pour rendre accessibles tous les médicaments disponibles, et également pour éradiquer l'ignorance, la pauvreté, la promiscuité, ces facteurs premiers de la dissémination d'un virus mortel vivant aujourd'hui dans l'organisme de trente-cinq millions de personnes, cent millions en 2010, deux cent vingt-cinq millions en 2020.

Samedi 15 juillet

Un accord de paix n'est pas venu du long dialogue, de plus de deux semaines, entre Yasser Arafat et Ehoud Barak réunis par le président des États-Unis à Camp David. Mais les conditions de cet accord de paix sont désormais connues et, mis à part le statut de Jérusalem, elles sont largement partagées.

Considérable, l'acquis de ce sommet a valeur de fondement. Certes, les deux parties ne sont pas liées par leurs concessions et les formules politiques dégagées. Mais ces formules sont désormais acquises. Celle, déterminante, fixant le pourcentage du retrait israélien des territoires occupés en 1967 ; celle de la modification des frontières aussi ; celle enfin des compensations à donner aux réfugiés palestiniens, compensations qui seraient fixées par une Commission internationale en échange de la renonciation au droit de retour. Enfin le tabou de Jérusalem a été levé. Chaque partie admet désormais que la Ville Sainte est divisible et qu'elle le sera éventuellement.

L'évocation d'un échec apparaît un raccourci qui, on l'espère, pourra être démenti rapidement par une entente prochaine, le fait d'une culture de l'immédiateté décalée des effets d'une longue histoire d'affrontements en train de se transformer en une phase de consentement mutuel au vivre ensemble différent si difficile à atteindre dans cette région du monde. Faut-il ajouter que l'idée d'un État palestinien n'a jamais été aussi clairement admise, y compris son besoin d'une capitale, y compris dans ce dernier cas le choix d'un fragment de Jérusalem à cette fin. Le président de l'autorité palestinienne a effectué un retour triomphal à Gaza. L'homme a tenu des propos de paix et évoqué avec insistance une étape prochaine pour la reprise du dialogue avec le chef du gouvernement israélien. Ce dernier n'a pas rapporté la paix promise. Ses partisans sont déçus et ses adversaires mobilisés comme jamais. Lui aussi cependant a tenu des propos de paix. Il lui faudra trouver une majorité parlementaire pour durer et ainsi créer les conditions de l'étape à venir qui pourrait produire enfin un accord de paix entre Israël et la Palestine. Son courage, sa vision et sa compréhension de la dimension historique de ce qui advient dans cette région du monde méritent une mention particulière.

Si l'accord de paix surgit des nouveaux paramètres retenus à Camp David, Ehoud Barak apparaîtra alors comme le père de cette paix et Yasser Arafat verra son vieux rêve prendre forme : l'existence et la reconnaissance d'un État palestinien au sein de la communauté des nations.

MARDI 18 JUILLET

L'assemblée annuelle du Barreau des États-Unis réunit à Londres plus de six mille avocats américains. L'organisation professionnelle, l'une des plus puissantes du monde, fait de la création d'une commission responsable des normes dans l'espace virtuel l'un des grands objectifs du droit international à venir. Constatant l'impuissance des

États nationaux à dégager ces normes et à les faire appliquer hors de leur territoire, l'assemblée plaide pour le développement de lois internationales reconnues et impératives à l'échelle de la planète.

Certes, l'expansion du commerce électronique serait grandement facilitée par un tel développement. Autrement, les litiges déjà nombreux se multiplieront et deviendront un terrain fertile pour les affrontements commerciaux entre l'Europe et l'Amérique dans un premier temps, et dans le monde par la suite. L'étude produite par le Barreau des États-Unis constitue une référence majeure et précieuse. Elle devrait marquer les travaux et négociations à venir pour que l'espace virtuel soit aussi un espace de droit. Elle mérite en conséquence d'être retenue et saluée.

On aurait aimé que les juristes américains attachent la même importance à l'urgence d'enrichir le droit criminel international. On aurait souhaité qu'ils incitent Washington à donner son appui au Tribunal pénal international. Malgré de très nombreuses concessions faites aux exigences américaines à la Conférence de Rome en juillet 1998, et malgré la position favorable de l'administration Clinton, le Congrès des États-Unis a refusé son consentement à la création d'une autorité internationale ayant mandat de juger les auteurs de crimes contre l'humanité. Après les génocides du Cambodge et du Rwanda, la politique de nettoyage ethnique en Croatie et en Serbie, l'affaire Pinochet et tant d'autres, le besoin de cette autorité apparaît plus impérieux, à moins de privilégier l'impunité, c'est-à-dire ce qu'elle recouvre et protège.

SAMEDI 22 JUILLET

La victoire historique de l'économie de marché sur le socialisme scientifique à la fin du siècle a été suivie d'une critique sans précédent des États, qu'ils soient libéraux ou non. Pour un temps, les apologistes de l'économie de marché ont dominé débats, perspectives et décisions. Sachant leurs adversaires sans arguments sur le fond, ils ont profité au maximum d'une conjoncture qui leur était manifestement favorable pour conforter leurs assises, consolider leur coalition et mobiliser largement. Pour incontestable qu'elle soit, la victoire du libéralisme apparaît plus fragile que la rhétorique conquérante l'accompagnant. Dans un grand nombre de pays, elle est en attente d'un développement qui soit vrai et partagé. Elle appelle une gestion prudente, une conception de la liberté incluant mais dépassant la seule liberté économique, une vision large de la croissance tant il est vrai, comme le dit le philosophe, «qu'à l'arrière-plan, il faut que la totalité agisse partout où l'on examine un point particulier». Ce qui a fait tourner le monde sur lui-même en une même décennie et avec une si impressionnante célérité, ce qui a fait éclater des régimes parmi les plus puissants du monde marque peut-être bien davantage l'échec du socialisme scientifique que la victoire du libéralisme. À la vérité, cette victoire est inachevée. Pour être durable et parachevée, il lui reste à démontrer sa capacité à satisfaire les besoins humains du plus grand nombre. L'effondrement des régimes marxistes s'explique par leur incapacité à instaurer une gestion transparente, à produire et à répartir équitablement la richesse, à reconnaître la fécondité des débats publics, à prendre en compte les héritages spirituels de la famille humaine. En clair, les décideurs ont spolié la part de transcendance et d'espérance si prégnantes à l'origine du socialisme scientifique, tant dans ses sources que dans ses finalités.

Nous venons de vivre une période hors du commun, sans précédent dans l'histoire, la première phase de la globalisation de l'économie.

La célérité de ce qui est advenu à la structure de l'économie mondiale depuis dix ans n'est ni fortuite ni

gratuite. Elle résulte de facteurs cumulatifs de grande portée :
- L'affaissement de toutes forces susceptibles de contester ou de freiner la parade.
- L'ascendant incontestable et ancien des tenants de l'économie de marché sur les institutions internationales à vocation économique et sur la conjoncture de la négociation du GATT et la création de l'OMC, qui coïncidaient avec l'écroulement de l'Union soviétique.
- La maîtrise de la quasi-totalité des ressources disponibles pour l'investissement.
- L'avancée dans l'utilisation des réseaux de l'information.

Nous venons de vivre une période hors du commun.

Nul ne conteste aujourd'hui la centralité de l'économie de marché, la portée des équilibres macro-économiques pour la stabilité des sociétés à long terme, l'efficacité de l'ouverture des marchés pour la croissance, l'apport de la compétitivité pour l'innovation.

Mais la seconde phase de la mondialisation appelle une nouvelle prise de responsabilités des gouvernements du monde, la jonction à nouveau des deux grandes aspirations des hommes, celle de la liberté et celle de l'égalité. Nier l'une, c'est fragiliser l'autre.

L'économie de marché n'est pas le tout de la liberté et du développement.

Cette première phase de la globalisation de l'économie aura duré quinze ans. Elle se termine. Nous entrons dans une nouvelle phase apparemment plus équilibrée où s'affirme à nouveau la puissance publique à côté d'une économie libérale certes dominante mais incapable structurellement d'assurer les cohésions fondamentales dont elle a besoin elle-même pour être opérante.

Quelques décisions récentes illustrent ce nouvel équilibre et cette nouvelle affirmation de la puissance et des fonctions des États. On pense notamment au démembrement souhaité de *Microsoft* par le gouvernement américain, au choix de ce dernier de placer dans la sphère publique la somme des connaissances acquises sur le génome humain, également aux récentes décisions prises par l'Union européenne visant le maintien des monopoles de chemins de fer et des réseaux de transports urbains dans les pays de la Communauté.

Ces choix effectués par la puissance publique furent combattus en vain par la coalition des grands groupes industriels à vocation mondiale. Bref, si l'économie de marché est la règle, elle apparaît à nouveau équilibrée et éclairée par les exigences du bien commun.

Ce sont ces exigences qui ont conduit le gouvernement britannique à annoncer un financement de 240 milliards de dollars pour la réfection et le développement des infrastructures des transports en Grande-Bretagne. Voici un secteur où a sévi le « thatcherisme » forcené, un secteur confié aux privés « à des prix de vente de feu » selon *The Guardian* du 21 juillet. Or, deux décennies plus tard, « la qualité, la fiabilité et l'efficacité du domaine sont tombées sous le seuil du tolérable », et l'insuffisance des seules règles du marché pour en assurer le maintien, le développement et la qualité est manifeste.

Ces constats sont largement partagés dans le Royaume. Même les milieux d'affaires s'inquiètent des effets sur le commerce et l'économie d'un système de transport « vétuste, inefficace et sous-développé ». Dans des perspectives semblables à celles évoquées pour le secteur du transport, le gouvernement de Londres vient d'annoncer un enrichissement considérable de sa dotation budgétaire en direction de la culture et la révision des conditionnalités dans ce secteur, tant l'identification des industries de la culture et de l'industrie tout court est destructrice.

À Paris, au même moment, le Conseil supérieur de l'audiovisuel (CSA) examine les effets sur la production télévisuelle française de la fusion entre *Vivendi*, *Seagram*

(*Universal Studio*) et *Canal+*. Le verdict du CSA a été précédé d'un bras de fer diplomatique, la nouvelle multinationale enjointe de respecter ses obligations telles qu'elles sont définies par la loi et les dispositions de sa concession sans quoi cette dernière lui serait retirée immédiatement.

JEUDI 27 JUILLET

Que fait donc Kofi Annan en compagnie des dirigeants des cinquante sociétés multinationales les plus importantes du monde?

Que signifie cette nouvelle relation entre les Nations unies et la très grande entreprise?

« Compagnie suspecte », répondent les uns. Compagnie « limitant pour l'avenir l'autorité morale de l'Organisation internationale » et son pouvoir de réclamer l'imputabilité des multinationales en matière de droit de l'homme, de droit du travail et de protection de l'environnement.

« Juste reconnaissance des nouveaux rapports de force dans le monde », répondent les supporteurs de l'initiative audacieuse du premier diplomate du monde. Ceux-là invoquent la nécessité d'un tel dialogue, la fécondité d'une diplomatie de l'inclusion si peu pratiquée par ailleurs par les composantes des Nations unies dont les comportements à cet égard retardent de plusieurs décennies sur la réalité du monde. On pense ici notamment à l'UNESCO dont de récentes assises mondiales consacrées à la communication excluaient les grands opérateurs privés du secteur en train de révolutionner le domaine et le monde.

Les motifs profonds du secrétaire général des Nations unies appartiennent sans doute à un autre ordre logique. Sa rencontre avec les responsables des multinationales visait aussi à établir un partenariat sur des objectifs en vue d'interventions concrètes; de la construction d'écoles à celle d'établissements de santé en passant par l'installation des technologies d'information dans les pays les moins avancés du monde. Premier gestionnaire du système multilatéral sur le plan mondial, le secrétaire général a peut-être effectué une démarche de vérité. Face à des États membres dont les exigences croissantes sont inversement proportionnelles à l'évolution de leurs contributions, face à des États réduisant leurs investissements dans l'aide publique au développement, Kofi Annan a sans doute voulu donner un signal puissant en recherchant ailleurs des ressources pour venir en appui aux plus pauvres du monde. Certes, comme le souhaite le président d'Amnistie internationale, Pierre Sane, un système rigoureux d'évaluation devrait compléter le dispositif nouveau et, en cas de négation des principes acceptés par les parties, des procédures d'expulsion devraient être arrêtées.

Il apparaît en effet que les deux parties bénéficieront de ce dispositif nouveau: les Nations unies par l'ajout de ressources au budget insuffisant que lui concèdent les États membres; alors que les multinationales pourront désormais faire état de leur partenariat avec la première organisation politique du monde.

VENDREDI 28 JUILLET

Voilà six années déjà, près d'un million d'hommes, de femmes et d'enfants furent massacrés dans un petit pays de l'Afrique centrale, dans un petit pays beau comme un paradis. Soudain ses précieux plans d'eau devinrent rouges de sang, ses douces collines et ses paisibles villages encombrés de cadavres, ses églises et ses écoles les lieux de massacres collectifs.

Les mots perdent ici tout sens: drame, tragédie, exaltation collective, tyrannie de la base. Près d'un million d'hommes massacrés la plupart à la machette au vu et au su du grand nombre. C'est un rapport de l'OUA portant la signature de sept personnalités de grande réputation qui, en ce mois de juillet 2000, ramène pour un bref temps la mémoire de ce «génocide prévisible».

Ce que dit ce rapport est douloureux à l'extrême. En effet, les événements du Rwanda n'appartiennent pas au registre des faits et gestes accomplis dans le secret de régimes autoritaires dans quelque Sibérie lointaine. Ce qui est advenu était connu des puissances, des capitales des principaux pays occidentaux, du Conseil de sécurité et du Secrétariat général des Nations unies.

Le rapport met en cause la France, son appui inconditionnel au régime en place, son rôle de «facilitateur» dans l'exode d'un grand nombre de «génocidaires» sous la couverture de la vaste opération turquoise. Poussant loin l'évaluation et le jugement, le rapport soutient que la France avait le pouvoir de bloquer le génocide du Rwanda avant même qu'il ne débute, Paris sachant précisément ce qui se préparait.

Pour sa part, Washington est critiqué pour avoir bloqué au Conseil de sécurité le renforcement de la force d'intervention déjà présente au Rwanda et avoir ainsi exclu toute chance de contrôle des débordements déjà connus et qui annonçaient le génocide. Au même moment, le Secrétariat général des Nations unies limitait à la protection des ressortissants étrangers l'usage de la force par les soldats des Nations unies présents à Kigali.

On pourrait continuer longuement l'énumération. L'essentiel est dit.

Il est dans le dérèglement du jugement, la froideur dans l'appréciation, l'impensable laisser faire qui fut, en ces temps d'horreur, la politique officielle des puissances. Malheureusement, ce laisser faire explique aussi d'autres tragédies de grande portée. L'ancienne présidente de l'Irlande devenue commissaire des droits de l'homme des Nations unies écrit ce qui suit le 31 mai 1999 : « Depuis des années, les rapports des observateurs des Nations unies en Yougoslavie insistaient sur l'urgence d'actions préventives compte tenu de la détérioration de la situation au Kosovo. Mais la volonté politique ... »

Ainsi, dans notre monde encadré par d'innombrables organisations et des services d'information les plus sophistiqués, l'annonce d'un génocide appréhendé dans des textes clairs et connus des plus hauts responsables, des appels récurrents et sans ambiguïtés signés par les mandataires de la communauté internationale au Rwanda demeurent sans réponse ou, pire, reçoivent des réponses négatives. Les signataires de ces appels, et notamment le général canadien Roméo Dallaire, sont innocentés par le rapport de l'OUA. Malheureusement, cette appréciation pèse peu dans le cauchemar qui les tourmente et dans la mémoire qui hante leur vie désormais éclatée.

DIMANCHE 30 JUILLET

Marquée par des dérèglements climatiques de grande envergure, cette fin de juillet pointe en direction de l'Asie. Il s'y déploie de très grandes initiatives politiques et diplomatiques dont les effets dans la durée seront déterminants. Ces initiatives semblent donner raison aux thèses du politologue américain annonçant le déploiement de trois grands centres stratégiques dans l'avenir, l'émergence d'un monde tripolaire, l'Amérique effervescente et dominante, l'Europe unifiée et l'Asie recomposée.

Énoncée fin juin, la doctrine russe de politique étrangère fait du lien avec l'Asie, des relations avec la Chine et l'Inde, le socle de sa conception d'un système multipolaire en remplacement d'un monde unipolaire

dans les relations internationales et marquant la domination économique et militaire de l'Amérique. Moscou et
Beijing viennent de consacrer cette perspective à l'occasion du voyage officiel à Beijing du nouveau président de
la fédération de Russie, Vladimir Poutine.

Dans sa relation à l'Asie, Moscou offre la perspective
de relations de bon voisinage, son vaste réservoir de ressources, son opposition au système national de défense
antimissiles américain et à l'élargissement de l'OTAN.
Elle offre de plus sa conception de l'inviolabilité des frontières et de la souveraineté nationale menacées, selon son
évaluation, par la doctrine occidentale des conditionnalités et incarnées notamment par les politiques de la
Banque mondiale et du Fonds monétaire international.
Ces thèses ont une incidence certaine en Asie, tant le traitement de la crise des économies asiatiques en 1997-1998
par des institutions est jugée sévèrement.

Sur le plan interne, le désenclavement progressif de
la Corée du Nord, la reprise des travaux visant les règlements des conflits frontaliers entre la Chine et l'Inde et
l'accroissement de leur commerce, la visite du premier
ministre du Japon à Delhi constituent des initiatives
majeures. Ces dernières sont susceptibles de modifier
substantiellement la gestion de la sécurité dans la grande
région; entre les Corées; entre la Corée du Nord et le
Japon et aussi Taiwan maintenue en état d'alerte depuis la
fin de la guerre de Corée; entre la Chine et l'Inde dont les
relations étaient encore marquées récemment par la
guerre qui les a opposées en 1962. Voici la Chine et
l'Inde engagées dans un dialogue sur la sécurité. Voici le
Japon et l'Inde, dont les rapports se sont dégradés après le
déploiement du programme nucléaire indien, désireux à
nouveau de relancer leur coopération. Certes, les différences demeurent, mais la logique de la négociation s'est
substituée à la logique de la confrontation.

Dans ce contexte, très importante est la tenue à Bangkok de la rencontre annuelle de l'Association de l'Asie du Sud-Est regroupant dix pays de cette région[1], plus la Chine, le Japon et la Corée du Sud, ces trois derniers pays désormais inclus formellement. L'inclusion des trois puissances de l'Asie du Nord-Est formalise le rapprochement de cette grande région où vivent 1,6 milliard de personnes et celle de l'Asie du Sud-Est qui en compte près de 750 millions. Elle conforte les chances de la stabilité et de la sécurité entre ces composantes majeures de la communauté mondiale. Elle crée aussi une structure élargie de concertation en matière de coopération économique et commerciale et éventuellement de positions communes dans les négociations internationales. Elle fait suite à une conférence des ministres des Finances des pays des deux régions tenue en mai, conférence consécutive au Sommet des chefs d'État et de gouvernement réunis à Manille en novembre 2000.

La perspective d'éventuelles positions communes des pays de l'Asie du Nord et de l'Asie du Sud-Est laisse entrevoir des mutations majeures dans les négociations internationales et les rapports d'influence et de puissance dans le monde.

Les pays de l'Asie du Nord connaissent une croissance plus rapide que ceux de l'Asie du Sud-Est, notamment dans les domaines des technologies et de l'information, du commerce électronique ainsi qu'en volume d'investissements. Pris un à un, les trois grands de l'Asie du Nord tiennent dans les affaires du monde une position qu'aucun pays de l'Asie du Sud-Est ne peut prétendre occuper, entre autres à la suite des menaces d'implosion affectant l'Indonésie et des difficultés politiques propres à la Malaisie.

---

1. Brunei, Birmanie, Cambodge, Indonésie, Laos, Malaisie, Philippines, Singapour, Thaïlande et Vietnam.

Prenant la mesure de l'événement, le secrétaire général de l'ASEAN, Rodolpho Severino, plaide pour l'accélération des mesures de libéralisation du commerce, de l'investissement et des services et l'harmonisation des tarifs extérieurs communs entre les pays membres, bref pour leur intégration dans une communauté asiatique consolidée face à ses grands concurrents, l'Amérique et l'Europe.

Ces nouvelles données géopolitiques débordent le simple renouvellement des rapports dans cette grande région du monde. Elles pointent en direction d'une mutation des rapports internationaux, du maintien ou non des États-Unis comme seul garant de la stabilité régionale face à la montée de la Chine. Elles dissimulent mal cependant les intérêts toujours divergents du Japon et de la Chine, le premier sans doute toujours intéressé par le maintien du statu quo, la seconde consciente de son nouveau positionnement.

Une autre photo de famille nous est venue d'Asie en cette fin juillet, celle des membres du G8 réunis sur l'île d'Okinawa pour leur sommet annuel.

Voici les leaders des sept pays occidentaux les plus industrialisés du monde[2] et celui du Japon siégeant aux portes de la mer de Chine ouvrant sur les Philippines, la Corée du Sud, Taiwan et la Chine continentale. Certes, ce choix répond à des impératifs de la politique intérieure japonaise. Mais il s'avère aussi chargé d'une forte densité symbolique, celle de la primauté américaine en Asie et du rôle historique de ce pays comme garant de la sécurité pour ses alliés asiatiques. Dans ce lieu et dans ce temps, la photo de famille du G8 gêne. Elle montre les forces du monde telles qu'elles furent constituées dans la seconde moitié du siècle davantage que celles qui se constituent en

---

2. États-Unis, Canada, France, Allemagne, Grande-Bretagne, Italie, Belgique et le président de la Commission européenne.

ce début de troisième millénaire. L'absence de la Chine voisine et de l'Inde à l'autre extrémité de l'Asie au sein de ce collège arrêtant les choix économiques et technologiques de l'avenir crée un malaise, un sentiment de surreprésentation occidentale, très éloignée de la réalité du monde, surreprésentation qui est la règle plutôt que l'exception dans les forums et les organisations internationales. L'exemple du Conseil de sécurité des Nations unies vient spontanément à l'esprit.

Certes, l'Occident est toujours à la direction des affaires. Il est aujourd'hui, et notamment dans son fragment américain, la source d'une exceptionnelle transformation de l'économie, le premier espace de proposition scientifique et technologique du monde.

La rencontre de ses leaders, les thèmes abordés — état de l'économie mondiale, relance de la négociation commerciale internationale, partage des avancées technologiques, sécurité nucléaire, lutte contre le terrorisme, remise de la dette aux pays les moins avancés, pour ne citer que ces exemples — ne sont pas insignifiants. Il en va de même pour les initiatives retenues: mise en place d'un fonds international visant la maîtrise des armes comprenant du plutonium et destruction des armes chimiques en Russie; création d'un programme visant à rendre accessibles les technologies de l'information aux pays en développement et finalement, réaffirmation de l'engagement pris au précédent sommet, à Cologne, de réduire de 100 milliards de dollars les dettes extérieures des pays les moins avancés.

Ce dernier sujet a dominé la couverture médiatique du G8, tant sa performance entre Cologne et Okinawa a été désolante. En effet, neuf pays ont bénéficié, et ce modestement, des engagements pris à Cologne visant à agir «rapidement, profondément et largement» pour l'effacement des dettes des pays les moins avancés.

Chargé de ce dossier, le premier ministre de Grande-Bretagne se désole publiquement du peu de progrès accompli. La coalition 2000 a largement mobilisé dans un mouvement dont les répercussions mondiales ont été importantes, les plus importantes sans doute depuis les grandes campagnes contre l'apartheid selon l'analyse du quotidien *The Guardian*.

D'innombrables plans de réduction de la dette de ces pays ont jalonné les deux dernières décennies. Or, il apparaît que ce chapelet d'engagements est resté verbal et a produit un jeu enrichi de conditionnalités pour des pays qui, dans le cas de l'Afrique et selon les termes de Kofi Annan dans sa communication au G8, consacrent «40% de tous leurs revenus au service de la dette, soit 60 millions de dollars par jour, 21,9 milliards par année».

À la table du G8, Vladimir Poutine siège pour la première fois au nom de la Fédération de Russie désormais sous son autorité. Admis le second jour des travaux, l'homme, dit-on, a impressionné. Pour cet examen de passage, les examinateurs avaient sans doute oublié le rejet récent par Moscou «de la mise en place d'un monde unipolaire sous la domination économique et militaire des États-Unis», l'affirmation aussi «de la similitude des approches russes et chinoises en matière de politique internationale».

AOÛT

Des scénarios susceptibles de marquer le siècle naissant, celui de Samuel Huntington annonçant une nouvelle guerre sainte entre l'Islam et l'Occident occupe une place à part dans l'imaginaire européen et nord-américain. Il exhume des pans entiers d'une relation souvent conflictuelle dans les siècles. Il conforte une galaxie douteuse de demi-vérités, de préjugés, d'ignorance où sont entremêlés l'absolutisme des régimes dits islamiques, le statisme juridique incarné par la charia et les pratiques « primitives » en découlant, le terrorisme international aussi venant de groupes extrémistes, ces tenants d'une interprétation rigoriste de l'Islam. Enfin, il soulage de l'exigence de comprendre la pluralité des interprétations de l'Islam, la diversité des régimes qui s'en inspirent et l'ampleur des débats intellectuels qui marquent aujourd'hui une vraie recherche de modernité couplée à une vraie loyauté envers la religion du Prophète.

« L'Islam contre l'Occident ! » Voilà un slogan facile, facile et réducteur du positionnement multiple de la grande religion et de son milliard d'adhérents dans le monde. La livraison de *Jeune Afrique l'intelligent* d'août 2000 donne la parole à l'imminent juriste tunisien Mohamed Charfi, en suivi d'une interview du philosophe égyptien El Nasr Abou Zeid. Ces deux grands penseurs de notre temps sont des libéraux au sens philosophique du terme, des démocrates au sens politique du terme, des croyants au sens islamique du terme. L'un et l'autre ont payé cher leur attachement à l'État de droit, leur conception d'un système judiciaire fort et indépendant, leur défense des droits humains. Le premier a été l'hôte des prisons tunisiennes, après une condamnation par la cour de sûreté de l'État en 1968, le second contraint à l'exil pour apostasie.

L'un et l'autre s'entendent sur une interprétation du Coran séparant d'une façon déterminante la religion islamique et le droit ou l'ensemble des règles juridiques indispensables pour la cohésion de la vie en société. Bref, selon la forte expression de Charfi, « l'Islam est une religion, non une politique ».

Il reste à expliquer, et nos amis s'y emploient, ce qui à l'origine a rapproché puis fusionné religion, politique et droit dans l'Islam ; ce qui, dans la période moderne, a transformé l'Islam en un outil du nationalisme, du socialisme et de l'anti-impérialisme.

Reprenons la thèse principale de son livre, *Islam et liberté*. Mohamed Charfi rappelle que sur les six mille versets contenus dans le Coran, cinquante ont une allure juridique entendue ici au sens d'une « direction qu'il appartient aux musulmans d'approfondir ». Ce sont, ajoute-t-il, de simples recommandations.

Ces dernières marquent une direction et peuvent être une source d'inspiration, sans plus.

Illustrant sa thèse, le juriste et philosophe tunisien affirme que « le Coran ne contient aucune mention relative à l'État, ni encore moins aux règles de choix des gouvernants... Aucune disposition de nature constitutionnelle ou relative au droit public ». Résumant son propos dans une forte formule dont il a une superbe maîtrise,

Charfi laisse tomber: «Dans le Coran, la question de l'État est hors sujet.» Qu'est donc cet Islam non politique si contraire à la représentation que s'en font les Occidentaux, si contraire à la thèse de Huntington? Charfi répond comme suit à cette question. «L'Islam est une réponse satisfaisante pour l'esprit à la question angoissante du secret de la vie, du sens de l'existence, de ce qui nous attend après la mort... Une philosophie, une spiritualité, une morale. En faire une série de règles juridiques, c'est la rabaisser.»

De ce qui précède découlent des conséquences de grandes portées sur les rapports de l'Islam et de la société civile:

– La loi n'est pas d'origine divine. Dire la loi est une responsabilité humaine.

– La prérogative législative et judiciaire s'en trouve en conséquence transformée et le caractère «immuable de la loi» ramené à ce qu'il est, une appropriation du politique, une instrumentalisation de l'Islam à des fins politiques.

Dans l'histoire comparée des civilisations et religions, ce qui advient à l'Islam n'est pas sans précédent comme ne sont pas sans précédent les débats pour séparer ce qui doit l'être. Il s'agit de faire sa place centrale à la religion et à ce qu'elle porte d'essentiel sur le sens de l'existence, de faire sa place au devoir de créer de la pensée qui est le propre de la nature humaine.

Plutôt que de s'opposer à l'Islam comme à un tout monolithique, l'Occident devrait soutenir et relayer les prises de parole de ceux qui, comme El Nasr Abou Zeid, Mohamed Charfi et le groupe *Prologue* de Casablanca, pour ne citer que ces exemples, refont l'éternel combat pour séparer droit, politique et religion sans rien nier de la dimension spirituelle de l'existence humaine. Mais pour cela, il lui faudrait reconnaître la «communauté de leurs histoires et de leurs cultures» et leur pluralité réciproque.

LUNDI 21 AOÛT

Il fut un temps, pas si lointain, où la carte de l'Amérique latine montrait un collectif de dictatures, un collage de régimes autoritaires où s'entremêlaient dans une terrible dialectique «la terreur étatique et la rébellion terroriste», selon l'appréciation d'Octavio Paz.

Ce temps est heureusement révolu, et avec lui la terrifiante logique des partis uniques et leur aversion universelle pour la séparation des pouvoirs, une justice forte et indépendante et un régime de promotion et de défense des droits humains. Certes, les nouvelles démocraties latino-américaines ne sont pas toutes exemplaires et les progrès politiques n'ont pas conduit à l'indispensable sortie de l'extrême pauvreté du tiers des habitants du sous-continent. Au contraire, l'écart se creuse et le peuple des démunis continue à croître.

Grand laboratoire du libéralisme conquérant et de l'économie de marché, l'Amérique latine se reconstruit. Elle renoue avec la stabilité, bénéficie du règlement de ses dettes contractées auprès des bailleurs privés selon les termes du plan Brady, conduit une réforme structurelle massive, privatise 2000 sociétés publiques entre 1990 et 2000 et allège ses bureaucraties pléthoriques.

Les résultats sont venus certes modestes mais néanmoins réels. Il semble que l'Amérique latine s'éloigne progressivement de ses «décennies perdues».

Elle a renoué avec la croissance, reçu depuis 1990 près de 30% des fonds d'investissements directs privés en direction des pays en développement, occupé une place de plus en plus substantielle dans la création culturelle mondiale, de la littérature et la musique notamment.

Depuis, sa langue principale s'est installée au cœur de l'empire américain provoquant selon Arthur Schlesinger «la panique des conservateurs». En effet, ces derniers réclament le vote d'un amendement à la constitution américaine pour faire de l'anglais la seule langue officielle des États-Unis.

Inachevée, la mutation de l'Amérique latine n'en est pas moins incontestable. Mais la fragilité surgit soudain, comme en témoignent la crise appréhendée de l'économie brésilienne en 1998 et la manipulation honteuse de la volonté populaire à l'occasion de la récente élection présidentielle au Pérou. Elle se manifeste aussi dans l'espèce de guerre civile diluant la Colombie où s'opposent violemment un État affaibli et une puissante coalition des seigneurs de la drogue et leur bras terroriste, le FARC. Elle se laisse voir dans l'exclusion sociale et la pauvreté extrême de dizaines de millions d'hommes et de femmes.

Après deux décennies de réforme économique en Amérique latine, l'écart entre les riches et les pauvres est le plus étendu dans le monde, affirmait le président de la Banque mondiale en février dernier. 80 % des trente millions d'autochtones vivent toujours dans la pauvreté et quarante millions de personnes de plus qu'en 1980 vivent dans cet état précaire.

Ici comme ailleurs dans le monde, si elle veut durer, l'économie de marché doit trouver, et rapidement, des voies et moyens d'inclusion pour être et demeurer fiduciaire de la croissance mais aussi du développement, c'est-à-dire d'une distribution équitable de la richesse produite.

Douze chefs d'État et de gouvernement du sous-continent viennent de se réunir à Brasilia dans un sommet sans précédent. Grande première, ce Sommet fut remarquable par la vérité des diagnostics posés sur la situation propre de la grande région, face aussi à son grand voisin américain et enfin par rapport à la globalisation de l'économie. Il fut remarquable aussi par la vigueur et le caractère d'urgence des décisions arrêtées. On pense notamment aux avancées en matière d'intégration économique continentale que ce Sommet a produites. En effet, l'objectif retenu devrait normalement réunir en 2002 dans une même zone de libre-échange le MERCOSUR qui regroupe le Brésil, l'Argentine, l'Uruguay et le Paraguay et la Communauté andine des Nations (Pérou, Bolivie, Équateur, Colombie et Venezuela) ainsi que le Chili (déjà associé au MERCOSUR), la Guyane et le Surinam.

Récusant la «mentalité de forteresse» entretenue par les anciennes dictatures, les membres du Sommet ont lié le respect des exigences démocratiques et le développement de leur sous-continent.

Comme l'a fait l'OUA, l'an dernier à Alger, les participants au Sommet de Brasilia ont décidé de la mise en quarantaine des éventuels régimes issus de moyens non démocratiques et de leur expulsion des instances communautaires, y compris du Sommet des chefs d'État et de gouvernement.

L'analogie avec l'Afrique a certes ses limites. Il est cependant frappant de constater que les deux grandes régions souffrent de certains maux communs dont notamment le manque chronique d'axes transnationaux de communication, routiers, ferroviaires et aériens; de l'absence aussi de connexion pour l'alimentation énergétique abondante sur un continent qui souffre pourtant de pénurie récurrente.

Le Sommet de Brasilia a fait de ses insuffisances, de leur correction et dépassement la priorité des années qui viennent. Il a souhaité la mise en convergence des politiques nationales au titre notamment de la planification et de l'investissement. Il a convenu d'accélérer les travaux fondant la convergence et l'intégration et de se doter d'un plan avant la fin de la présente année.

Aussi à l'ordre du jour, la recherche d'une position commune en vue du Sommet de Québec prévu pour avril 2001. Ce sommet réunira les pays des trois Amériques, à l'exception de Cuba, autour du grand projet visant l'établissement d'une zone de libre-échange du pôle Nord à la Terre de feu. Enfin ce sommet témoigne de la détermination du Brésil à agir comme puissance continentale, comme leader sur un continent qui comptera demain un milliard d'habitants.

JEUDI 24 AOÛT

Les rapports entre science et éthique ont acquis dans la seconde moitié du siècle dernier une exigence, une acuité et une visibilité sans précédent. Ce fait est attribuable notamment à la dimension mondiale des effets des découvertes scientifiques et de leur application technologique. Bien des philosophes avant Karl Jaspers ont inclus dans leurs analyses des réflexions éthiques découlant du progrès scientifique. Mais le grand penseur allemand allait fixer les nouveaux paramètres de ce qui advient à l'humanité en publiant, en 1958, son ouvrage fameux intitulé : *La Bombe atomique et l'avenir de l'homme*.

Tirant les enseignements de la puissance utilisée pour mettre fin à la Seconde Guerre mondiale, l'auteur de cette œuvre monumentale lançait alors un appel pressant à la responsabilité de l'homme. « Il faut, écrivait-il, que l'idée de totalité agisse partout où l'on examine un point particulier. »

En cette fin du mois d'août 2000 marqué par l'autorisation du clonage d'embryons humains à des fins de recherche thérapeutique par le gouvernement de Londres et par celle visant à permettre les recherches sur l'embryon humain par l'administration américaine, l'appel de Jaspers mérite un rappel même bref. L'ensemble de son œuvre visait à préserver l'avenir de l'espèce humaine désormais soumise à la menace d'une force de destruction universelle sans équivalent dans l'histoire.

De la dévastation consécutive au drame de Tchernobyl à la négociation des traités internationaux visant la destruction des stocks d'armes nucléaires en passant par l'appropriation de la bombe par l'Inde et le Pakistan, «l'avenir de l'homme» est désormais inséparable de sa «conquête nucléaire». Il en sera de même à propos du clonage et des recherches sur l'embryon humain. Ce que nous autorisons aujourd'hui ne constitue que les préliminaires dans une histoire qui marquera elle aussi l'avenir de l'homme. Leon Kass et James Wilson en ont dégagé la signification dans leur ouvrage essentiel: *The Ethic of Human Cloning*.

> L'humanité a acquis le pouvoir de cloner des embryons humains, de créer des embryons humains et de produire en laboratoire les différents tissus composant l'organisme humain.

Il faut lire et relire cette phrase dont la portée est sans commune mesure avec toutes les formes d'intervention de l'homme sur lui-même effectuées à ce jour.

> L'humanité a acquis le pouvoir de cloner des embryons humains, de créer des embryons humains et de produire en laboratoire les différents tissus composant l'organisme humain.

Les décisions des gouvernements de Londres et de Washington n'ont pas la même portée. Londres a autorisé le clonage de l'embryon, Washington la recherche sur l'embryon. Pour ceux qui se félicitent de ces choix, les recherches désormais permises ouvrent enfin des voies inédites dans la recherche et éventuellement dans le traitement des maladies génétiques et pour la correction des malformations des fœtus.

D'autres s'inquiètent de la création d'embryons, de la reconnaissance du droit d'auteur sur ces derniers identifiés à des inventions parmi d'autres. Jeremy Rifkin, l'auteur du *Siècle biologique*, établit un parallèle entre l'esclavage et la propriété désormais légale sur des êtres humains en devenir. Pour lui, l'octroi d'un droit d'auteur sur un embryon humain constitue une première étape commerciale dans ce monde nouveau de la technologie reproductive et de l'ingénierie de la vie en gestation. Pour lui, c'est la notion même de ce que signifie être un être humain qui est ainsi mise en cause. Ce que combattent Rifkin et beaucoup d'autres, c'est l'immense concession faite par le gouvernement de Londres au système économique qui fait dépendre désormais l'avancement de la condition humaine du droit de quelques entreprises commerciales à posséder ces embryons humains comme leur propriété intellectuelle.

Les directives américaines limitant la recherche sur l'embryon humain apparaissent infiniment plus restrictives que celles découlant de la politique britannique. Mais dans un cas comme dans l'autre, l'objet même du nouvel espace ouvert à l'expérimentation et à l'intervention humaine déborde la responsabilité nationale, fût-elle celle de la première puissance du monde. Certains s'inquiètent déjà des avancées accomplies dans certains pays dits «à risques».

En un domaine aussi déterminant pour l'avenir de l'homme, il n'y a pas de pays de riches et de «pays à risques». L'établissement de normes communes, le contrôle des travaux en cours et à venir, le régime de sanctions pour les délinquants concernent l'ensemble de la famille humaine. Il s'agit, selon le sous-titre de l'ouvrage de Bryan Appleyard, de *Demeurer humain dans l'ère génétique*.

Au risque même de retarder la recherche et au nom du principe de précaution, il faut accélérer la concertation au niveau international visant la négociation d'un protocole

sur la sécurité humaine débordant et complétant les travaux déjà conduits par l'UNESCO. Pour le dire autrement,
on ne peut laisser à quelques-uns, États riches et grandes
corporations ambitieuses, le soin de gérer le capital génétique de l'humanité comme un bien privé, dans une
logique productiviste qui fait des actionnaires les maîtres
du monde. Ceux-là ne peuvent pas, ne doivent pas devenir
les maîtres de la vie.

MERCREDI 30 AOÛT

Dans son remarquable entretien avec Antonio Polito de
La Republica, Eric J. Hobsbawm (*Les Enjeux du 21ᵉ siècle*)
rappelle que les « organisations internationales n'existent
que par la grâce des États et ne possèdent d'autres
pouvoirs autonomes que celui que les grandes puissances
leur ont conférés ». Cette évaluation s'applique à la première des organisations internationales, l'Organisation
des Nations unies.

Du mot d'esprit du Général de Gaulle aux impré-
cations du sénateur Helms, « le machin » est aisément
ridiculisé. Ses entreprises, dont notamment ses missions
de paix, sévèrement jugées, la qualité de sa gestion mise en
doute, son coût évoqué comme l'une des pires extrava-
gances du temps. Bref, la grande maison de verre de
New York est appelée par un grand nombre à se réformer,
à limiter ses actions, à dire le connu et à taire la fracture
mondiale.

En cette fin du mois d'août, un rapport commandé
par le secrétaire général des Nations unies, rapport consacré aux missions de paix, dresse un constat sévère : absence
de politique de prévention ; attention portée aux seules
questions de sécurité là où il faudrait reconstruire les institutions ; décisions du Conseil de sécurité non accompa-
gnées de la mise à disposition des ressources requises pour

leur déploiement et leur éventuel succès. Ce dernier constat est au cœur des problèmes de toutes les grandes organisations multilatérales. En effet, les corps décisionnels, Assemblée générale, Conseil d'administration et, dans ce cas, Conseil de sécurité légifèrent et/ou décident allègrement, fixent des objectifs élevés sans se préoccuper vraiment des coûts quitte, par la suite, à porter des jugements impitoyables sur la qualité de la gestion des actions entreprises à leur demande.

S'il apparaît indispensable d'évaluer les performances des Nations unies, il se pourrait que la véritable réforme soit ailleurs, dans la mise en concordance des décisions des États membres et des ressources qu'ils octroient pour leur suivi et leur mise en œuvre. Les Nations unies n'ont pas d'existence en soi. Elles existent « par la grâce des États ».

Ce sont quatorze missions de maintien de la paix qui sont déployées aujourd'hui par les Nations unies, certaines anciennes comme au Proche-Orient (1948) ou aux frontières de l'Inde et du Pakistan (1949), d'autres plus récentes dont dix arrêtées dans la dernière décennie. Elles se déploient dans les lieux les plus difficiles et complexes de la planète. Leur simple énumération constitue un inventaire de la dégradation des valeurs humaines les plus fondamentales — Irak, Koweït, Sahara-Occidental, Géorgie, Bosnie, Croatie, Kosovo, Sierra Leone, Timor oriental, Congo, … — dans tous ces lieux, les forces des Nations unies sont intervenues là où toutes les diplomaties se sont avérées inefficaces, les médiations inopérantes, les sanctions sans effet.

On voudrait que les Nations unies réussissent rapidement et sans bavure là où tous les échecs ont conduit à son intervention. On voudrait que les Nations unies conduisent des opérations limitées là où s'imposent des actions militaires d'envergure contre des régimes génocidaires, des États utilisant leur puissance pour effectuer des nettoyages ethniques. À la vérité, ce qu'accomplissent les Nations unies apparaît remarquable d'autant que ses forces opèrent avec des moyens limités, des contraintes extrêmement rigoureuses, des ressources humaines souvent insuffisantes.

Certains ne partagent pas cette appréciation et s'insurgent contre les ratés terribles de certaines missions onusiennes. On pense notamment à l'extrême fragilité de la présence de la force des Nations unies au Sierra Leone. Ceux-là devraient rappeler aussi les données suivantes qui constituent une espèce de nouveau cadre des missions de l'Organisation internationale :

– Les grandes puissances ne souhaitent plus participer à ces missions préférant apporter soutien financier et logistique à des unités venant de pays du tiers monde.

– Les grandes puissances ont récemment mis l'accent sur la création de forces d'interventions régionales. Dans « leur monde rêvé », ce choix les soulage de l'obligation d'intervenir elles-mêmes. Cette voie est impraticable. Même la puissante Europe n'est pas capable aujourd'hui de constituer une telle force.

La réforme des Nations unies s'impose, celle de ses structures archaïques reflétant le monde tel qu'il était en 1950 bien davantage que ce qu'il est en train de devenir avec l'arrivée du troisième millénaire. L'Inde, le Japon, le Brésil et l'Afrique du Sud ou le Nigeria doivent remplacer au Conseil de sécurité ces anciennes puissances nées avec et de la colonisation. La présence de ces dernières devrait être assurée désormais par un représentant de l'Union européenne.

La réforme des Nations unies s'impose, celle de l'adéquation stricte entre les mandats donnés par les États membres et les ressources financières, techniques et humaines pour leur déploiement efficace.

La réforme des Nations unies s'impose, celle du comportement des États membres et notamment des grandes puissances qui ne pourront pas indéfiniment traiter l'Organisation comme un corps étranger alors qu'ils la dominent, la commandent et souvent la limitent.

Contre toutes les entreprises de marginalisation et de réduction à l'insignifiance, il faut réaffirmer la place première des institutions internationales comme fiduciaires de la sécurité, de la croissance partagée et du développement durable de la famille humaine.

À deux reprises, au XXe siècle, la communauté internationale a ressenti la nécessité de se doter d'institutions communes, au lendemain de la Première et de la Seconde Guerre mondiale. Le monde venait de se fragmenter et de se disloquer alors que les ressources combinées des économies et de la technologie occidentale avaient été mises au service d'idéologies niant les fondements mêmes de l'unité de la famille humaine.

Notre adhésion aux institutions internationales et notamment à celles du système des Nations unies ne doit certes pas reposer uniquement sur la mémoire des besoins de reconstruction d'un monde éclaté. Il nous faut faire le pari de l'existence d'un autre miroir que celui des destructions du monde pour soutenir la capacité de l'humanité de se penser comme un ensemble, le pari que l'avenir à aménager est aussi porteur que le passé à sortir de ses ruines.

L'existence de ressources institutionnelles regroupant la quasi-totalité des pays du monde constitue l'un des legs les plus précieux du XXe siècle, l'assise durable de la communauté internationale. À travers ses crises et ses avancées, notre siècle a créé les premières institutions de l'histoire regroupant toute la famille humaine.

Il apparaît impératif qu'à l'interaction continue, multidimensionnelle et de plus en plus dense des sociétés humaines correspondent des lieux de délibération, de recherches communes et de décisions susceptibles d'intervenir dans les inévitables crises mais aussi de se comporter comme un système global.

Effectuer le passage de la mondialisation vers la communauté internationale, c'est faire le pari que la famille humaine ne sera pas l'otage des stratégies de groupes de puissances et que le travail sur elle-même contribuera à consolider les droits et libertés des hommes, le développement et l'application d'un droit international public, le déploiement d'une éthique universelle.

Une simple question mérite notre attention. Comment serait le monde si les organisations internationales cessaient leur entreprise de rassemblement et de concertation ? Comment serait le monde si elles mettaient fin à la création et à la mise à jour incessante du droit public qu'imposent les développements spectaculaires à l'œuvre dans notre temps ? Comment serait le monde si elles abandonnaient leurs travaux visant l'application et la reconnaissance par tous des valeurs fondamentales et universelles découlant de l'existence humaine, visant aussi l'extension du droit criminel international ?

Depuis le début de l'an 2000, Kofi Annan a proposé la mise en place d'un corps international de volontaires pour le développement, un grand service mondial pour que soient rendus effectifs le partage et l'utilisation des technologies nouvelles en matière de communication et d'information, un réseau mondial de dix mille cliniques virtuelles de santé dans les pays pauvres pour faciliter leur accès aux nouvelles ressources de la science médicale. De plus le secrétaire général a innové en recherchant l'appui financier du secteur privé au grand dam d'un certain nombre d'États, les mêmes sans doute qui diront tout le bien qu'ils pensent des initiatives de Monsieur Annan et lui refuseront tout moyen additionnel pour les mettre en œuvre.

SEPTEMBRE

Si Internet a toujours «la forme d'une étoile centrée sur les États-Unis», le réseau des réseaux pourrait épouser celle d'une galaxie en 2005, selon l'importante analyse de René Morin publiée dans *Objectif* [3], l'observateur des tendances inforoutières en francophonie.

Voici notre monde en 2005. Selon le groupe canadien *Angus Read*, le cap du milliard d'internautes aura été franchi à cette date, 25 % seront américains, un autre quart sera européen suivi par l'Asie avec prépondérance de la Chine qui occupera alors le premier rang asiatique et le deuxième rang mondial. À cette date, ce sont près de 60 % des internautes qui parleront une autre langue que l'anglais (une augmentation de 150 % par rapport à la situation prévalant en l'an 2000), le multilinguisme numérique s'imposera dans le suivi et dans la suite de l'internationalisation d'Internet. Morin écrit:

> Les rapports de force entre les régions vont donc
> se redéfinir progressivement, l'influence américaine
> en sera inévitablement réduite, permettant par le

---

3. *Objectif* est publié par le Centre international pour le développement de l'inforoute en français.

fait même la création et l'épanouissement d'autres communautés linguistiques et culturelles dans l'espace virtuel. Déjà, en Europe, on commence à délaisser les grands portails américains au profit de la production locale.

C'est la réalité de la diversité linguistique du monde qui s'impose dans l'espace virtuel. Déjà les moteurs de recherche offrent leurs services en plusieurs langues, dix pour le moteur *Google* auxquels sont ajoutés présentement le chinois, le japonais et le coréen.

Cette mutation s'explique par l'internationalisation des usagers. Plus de vingt-cinq pays auront avant la fin de cette année une proportion d'internautes supérieure à 10 %. Elle s'explique de plus par les avancées de la traduction automatique et l'utilisation du « gisting » et le fait que les cyberconsommateurs, selon une étude citée par Morin, « naviguent deux fois plus longtemps dans un site conçu dans leur langue et sont trois fois plus susceptibles d'y faire un achat ».

Il est plus facile d'encercler le monde de technologies avancées de communication que d'infléchir la solidité originelle des cultures et des langues de la famille humaine.

LUNDI 18 SEPTEMBRE

C'est un changement profond du jugement empirique et de l'appréciation de l'action pour vaincre la pauvreté dans le monde qui fait l'intérêt du rapport annuel de la Banque mondiale rendu public au milieu de septembre. À la vérité, ce nouveau positionnement se profilait dans la littérature récente de l'institution internationale, dans les prises de position de son président et dans ses débats internes, à la suite notamment de la démission de l'économiste en chef de la Banque, Joseph Siglitz.

Le célèbre économiste de l'Université Stanford avait publiquement mis en cause l'efficacité du seul marché pour créer la croissance et le développement dans les zones sous-développées du monde. À son avis, cette voie était sans issue et ne permettait pas de hausser les niveaux de vie des plus pauvres et d'inclure les pays en développement dans l'économie dite globale.

L'écart entre la doctrine officielle prévalant à Washington et le niveau des résultats obtenus est considérable, selon Siglitz; les politiques effectives des pays développés à l'endroit des pays en développement sont contraires à l'intérêt de ces derniers.

Ces politiques sont connues: levée de toutes les entraves à l'économie de marché, privatisation rapide et généralisée, austérité dans la dépense publique et forte réduction de l'intervention des gouvernements. C'est ce dernier point notamment et l'encouragement à l'emprunt qui emportèrent la démission du premier des économistes de la Banque mondiale, de même que les pratiques commerciales des pays industrialisés qui bloquent l'entrée des productions des pays pauvres sur leur marché et imposent des droits de douane atteignant vingt milliards de dollars annuellement et collectent directement ou indirectement plus de quarante milliards de dollars en intérêts sur les prêts aux pays en développement. Droits de douane et intérêts additionnés constituent une valeur supérieure à la valeur totale de l'aide publique au développement.

Ce que nous dit le rapport de la Banque mondiale, c'est la croissance continue de la pauvreté dans le monde; en Afrique, en Asie du Sud, en Amérique latine, en Europe de l'Est et en Asie centrale. Ce sont 2,8 milliards de personnes, soit près de la moitié de la population mondiale, qui doivent faire face à l'ensemble de leurs besoins avec moins de deux dollars par jour par personne. La moitié des pauvres du monde «vivent en marge de la vie» avec moins de un dollar par jour. Sans précédent, la croissance économique mondiale n'est ni bonne ni mauvaise pour les pauvres et les plus pauvres. Elle se déploie très loin de leurs besoins et de leur vie.

Ouverture réelle des marchés des pays riches, abolition des dettes publiques, enrichissement de l'aide publique au développement, intervention essentielle des pouvoirs publics, investissement dans la recherche scientifique visant les besoins spécifiques des zones sous-développées du monde, lutte contre la corruption, prise en compte des projets et des initiatives des plus pauvres: tels sont selon la Banque mondiale les outils pour s'attaquer enfin à la pauvreté. Son message est clair. Ce n'est pas la richesse qui se déploie dans le monde en ce début du XXIᵉ siècle, c'est la pauvreté qui gagne, et avec elle l'absence de pouvoir et de voix.

Par une espèce d'ironie, la publication du rapport de la Banque mondiale coïncide avec la parution du rapport du Centre du budget et des priorités du gouvernement américain. Ce dernier dissèque la situation des revenus dans la première puissance du monde. Pour les années 1996-1997, l'augmentation des revenus des Américains les plus fortunés est trois fois plus forte que celle touchant la rémunération de 90 % des travailleurs américains. Ces derniers se retrouvent après dix ans d'une croissance forte et continue avec un revenu équivalent à ce qu'ils touchaient en 1986 plus 1,6 %.

P.S. : Fin 1998, la première économie mondiale traita comme un événement sans précédent et sans grande possibilité de répétition dans l'avenir l'achat de 100 milliards de dollars de débentures publiques des États-Unis par des étrangers. Colossale, cette somme apparaissait comme un plafond circonstanciel, une limite qui s'abaisserait dans les années suivantes. Or c'est le contraire qui s'est produit. Les achats de ces débentures ont connu une croissance spectaculaire, 388 milliards de dollars en 1997, 315 milliards de dollars en

1998 et 1999, ils pourraient atteindre les 450 milliards de dollars dans la dernière année du siècle.

Ces chiffres expriment un véritable vote de confiance des investisseurs internationaux à l'endroit de l'économie américaine. Ils constituent un transfert net et massif de l'épargne mondiale en direction des États-Unis.

Ces données devraient donner à réfléchir à ceux qui fustigent l'hégémonie américaine. Cette dernière est notamment rendue possible, consolidée et conquérante par la préférence forte des investisseurs du monde et notamment européens pour les territoires américains, matériels et immatériels.

Octobre

En ce deuxième jour d'octobre, les effets du référendum tenu au Danemark et portant sur l'adhésion de ce pays à la monnaie commune européenne se dégagent avec force.

Sur le plan économique, l'euro n'est certes pas consolidé par le rejet des Danois, par leur vote de non-confiance. Une formidable coalition pour le « oui » regroupant la quasi-totalité de la classe politique, les grandes fédérations patronales et syndicales et les médias n'a pas réussi à construire une majorité d'appuis.

Au terme d'une intense campagne, 53 % des citoyens du Danemark ont rejeté l'adhésion de leur pays à la monnaie européenne. Les arguments économiques — incidence sur l'investissement et l'emploi, nécessité des convergences continentales en matière fiscale et budgétaire, influence de Copenhague dans la Communauté — n'ont pas convaincu les citoyens danois. C'est l'attachement à la souveraineté de leur pays, à ses traditions politiques et à son identité qui a prévalu.

Certes, les responsables européens ont cherché à banaliser les conséquences du refus danois et ont répété que rien d'essentiel n'était vraiment changé. Leurs propos de circonstances s'éloignent dangereusement de la réalité. Ces événements posent en effet la question majeure de l'adhésion des citoyens des pays européens au grand projet historique : qu'il s'agisse des modes de décisions au sein de la communauté, de son élargissement aux pays de l'Europe centrale et de l'Est, des convergences fiscales et budgétaires annoncées, des sondages convergents indiquent que l'appui populaire est en baisse, et ce substantiellement. Selon le président du comité du Bundestag pour les Affaires européennes, « dans les quinze pays de l'Union européenne, un citoyen sur trois seulement considère l'élargissement comme une priorité » pour ne citer que cet exemple.

Que faut-il faire pour conforter le projet européen dont la dimension géopolitique apparaît si décisive pour l'équilibre d'ensemble du monde ?

Que faut-il faire pour que sa viabilité et son développement soient l'un et l'autre consolidés et garantis dans la durée ?

Certains proposent une Europe à deux vitesses selon le niveau d'adhésion des uns et des autres. Cette option règlerait sans doute pour un temps le dilemme actuel. Mais les Danois viennent de le rappeler avec force, les avantages politiques et économiques les plus satisfaisants pour l'esprit devront trouver éventuellement leur force dans le consentement des citoyens, dans la conjugaison respectueuse des identités, dans la clarté d'un projet qui ne peut être une invention technocratique sans plus. L'Union européenne appelle la démocratie européenne. Il est illusoire d'avancer la première sans consentir profondément à la seconde.

JEUDI 5 OCTOBRE

Début octobre, une semaine après sa cuisante défaite, Slobodan Milosevic occupe toujours le pouvoir à Belgrade. Depuis 13 ans, il a transformé la région des

Balkans en un vaste champ de bataille, conduit des guerres ethniques atroces, déplacé dans les pires conditions des millions d'hommes et ruiné un grand pays désormais divisé contre lui-même, divisé, appauvri et détruit moralement et matériellement.

L'homme a signé les Accords de Dayton en 1995, Accords qui ont conduit à la partition de la Bosnie. L'Occident n'avait pas fini d'applaudir qu'il plongeait le Kosovo dans des tourments indescriptibles. Ruinant les multiples chances de paix que les puissances lui ont offertes, comptant sur la frilosité des pays occidentaux, le dictateur de Belgrade joue une seconde fois la partition de la haine ethnique et multiplie ses victimes en toute impunité.

Il faudra les massacres de Rajak, le 15 janvier 1999, pour que les puissances se ressaisissent et lancent dans des conditions ambiguës la fameuse offensive des forces de l'OTAN avec le succès opaque que l'on sait.

Tardive, très tardive, cette offensive fut négociée durant près d'une décennie marquée par les divisions entre les Occidentaux, l'imposition de sanctions économiques et des initiatives diplomatiques invraisemblables, dont la célèbre Conférence de Rambouillet. Tout ce théâtre en parallèle avec trois années terribles, entre 1992 et 1995, où les hordes serbes transformèrent la Bosnie en un terrain de chasse ethnique.

La paix signée en Bosnie, les hordes se déplacèrent au Kosovo où déjà deux millions d'Albanais souffraient des effets d'une répression totale et d'un déni absolu de tous leurs droits et libertés. Certes, certains d'entre eux ont soutenu les actions violentes de groupes terroristes. Ce faisant, ils ont répondu par la force à la terreur ambiante. En ces années terribles, Milosevic présida au dernier génocide du XXe siècle.

Tel est le bilan du vaincu de Belgrade. Mais ce dernier a pu compter durant cette décennie sur l'extraordinaire pusillanimité des Occidentaux et la protection des

Russes, la suffisance d'une faune diplomatique et juridique qui, du Conseil de sécurité au fameux Groupe de contact, promenait son indécision de capitale en capitale, accompagnant à distance les horreurs des Balkans. Dans ses palais, le dictateur de Belgrade compte-t-il encore sur la faiblesse des puissances pour usurper un pouvoir que lui dénie une majorité des 7,8 millions de citoyens de son pays?

Dans le passé, les opposants au régime ont été jugés sévèrement, leur division servant les intérêts du maître de Belgrade. Cette fois, il semble que les choses se soient déroulées autrement. Vojislav Kostunika a tenu ensemble les dix-huit partis de l'opposition et remporté une victoire décisive. Nationaliste, juriste et dissident notoire, l'homme a recours à la désobéissance civile.

Curieux paradoxe: voici un chef politique élu obligé de recourir aux tactiques de l'opposition pour ne pas sombrer dans les brumes de l'histoire. Son combat pour la liberté et la démocratie mérite mieux que l'appui timoré que manifestent les puissances à son endroit. Il s'agit du respect de la volonté populaire des peuples de l'ancienne Yougoslavie. Il s'agit aussi de libérer les Balkans, l'Europe et le monde de l'une des dictatures les plus sanglantes de l'époque contemporaine.

Mais ici comme ailleurs dans le monde, on pourra vraisemblablement vérifier le fait que si on peut imposer une dictature de l'extérieur, la démocratie émerge toujours des combats intérieurs.

DIMANCHE 8 OCTOBRE

Dans le cœur de la vieille cité de Dresden si durement touchée par la Seconde Guerre mondiale, les préparatifs vont bon train pour les célébrations à venir marquant le dixième anniversaire de la réunification allemande.

Place de l'Opéra, on se croit dans un des hauts lieux du patrimoine architectural européen. Mais tout ici a été détruit, détruit et reconstruit selon les plans originaux... une splendeur récente et ancienne!

La fête sera sans doute belle. Elle célébrera un des grands événements du XXᵉ siècle, l'une des grandes révolutions pacifiques et démocratiques de l'histoire contemporaine, la fin de quatre décennies de division de l'Allemagne en deux pays, l'un, incrusté dans la logique de l'utopie marxiste, l'autre, nourri des valeurs occidentales.

Certes, cette division traduisait les rapports de force prévalant en 1945, mais elle plongeait loin sa logique dans les événements qui, de 1870 à 1939, ont fait de l'Allemagne une puissance militaire et un protagoniste majeur dans les grands conflits de la longue période. En quelques jours décisifs, « ces raisons historiques » furent transformées par la puissance libérée des citoyens de la République démocratique allemande proclamant par centaines de milliers leur libération d'un « régime dictatorial ».

Que sera la fête à Dresden?

Y aura-t-il de grands défilés dans ses larges avenues belles et austères, de grands débats dans ses universités renommées, de vibrants colloques dans ses cafés pleins de charme?

Que ressentira sa population encore marquée par sa longue souffrance et que dira sa jeunesse vibrante et nombreuse que j'observe à l'université technique où je suis pour un temps trop bref l'invité du département d'études romanes?

Certes, il y a des motifs nombreux pour justifier cette commémoration singulière. Mais ce qui frappe, ce sont les lectures multiples et partisanes faites en Allemagne des événements de l'automne 1990.

L'histoire est encore chaude, ses acteurs vivants, la force des uns et l'hésitation des autres présentes dans tous les esprits. Ses lectures multiples se sont manifestées avec force au Bundestag qui a tenu un grand débat sur la réunification, un grand débat houleux, partisan et sans doute injuste pour l'architecte premier de l'unité, Helmut Kohl, présent dans le superbe hémicycle mais silencieux, son parti ne l'ayant pas inscrit sur la liste des orateurs.

Il s'agissait de célébrer les acquis de l'unité, les succès d'une politique qui, en une décennie, a consacré l'égalité politique de tous les Allemands et a fait progresser ceux venus de la République démocratique allemande en portant leurs revenus à 90 % de la moyenne nationale. Cette politique a donné lieu à des investissements colossaux pour soutenir le développement du fragment ajouté en 1990 à la grande Allemagne et aussi pour améliorer l'habitat, le transport, l'environnement...

Certes, l'égalité économique n'est pas acquise, le chômage est encore élevé à l'Est, la reconstruction inachevée. Mais les résultats obtenus sont majeurs et incontestables. Berlin et l'ancienne Allemagne de l'Est sont toujours en chantier. Il s'agissait aussi d'évoquer ce chantier et les conditions de son achèvement.

Mais le débat au parlement allemand s'est éloigné de ces objectifs annoncés. Pour le chancelier Gerhard Schröder, ce fut l'occasion de célébrer le rôle de Willy Brandt et d'Helmut Schmidt, ses prédécesseurs sociaux démocrates, dans la réunification au détriment de l'ancien chancelier Kohl. Certes, le chef de l'exécutif allemand a eu raison d'évoquer ces acteurs et de rappeler que l'unité de la nation allemande s'est réalisée au terme d'un long processus, long et complexe. Il a eu raison aussi de saluer le rôle déterminant des citoyens de l'ancienne République est-allemande. « Le mur de Berlin, a dit le chancelier, n'a pas été détruit suite à des décisions arrêtées à Bonn, il fut pulvérisé par le choix d'un grand nombre qui ont créé le mouvement Est–Ouest. »

La leader des démocrates chrétiens, Angela Meskel, emprunta les voies partisanes ouvertes par le chancelier

Schröder. Elle lui reprocha notamment son manque d'enthousiasme à l'époque, et le vote du Lander qu'il dirigeait alors contre l'union monétaire.

Encore marqué par le scandale financier que l'on sait, Helmut Kohl assiste de son siège comme simple député à la mise aux enchères politiques de son œuvre monumentale.

C'est lui et personne d'autre qui a saisi la fécondité du moment historique que fut la révolte des citoyens de la République démocratique allemande.

C'est lui et personne d'autre qui absorba la fureur de Margaret Thatcher. «La réunification, disait-elle alors, est la victoire des Allemands sur les Alliés.»

C'est lui qui a entendu le refus de François Mitterrand ébranlé par la résurgence de la grande Allemagne.

C'est lui et personne d'autre qui a réussi à convaincre George Bush père de l'irréversibilité de l'unité allemande en train de s'accomplir et qui a arraché à Mikaïl Gorbatchev l'accord qui marquera le début de la fin de l'empire soviétique.

C'est lui qui a répondu à l'espoir des Allemands de l'Est, leur a proposé la parité des droits et des devises et leur a offert la pleine citoyenneté.

Le moment est sans doute injuste pour Helmut Kohl. On ne saura jamais ce qu'il pensait en écoutant les discours de ses successeurs à la tête du pays et à la tête de son parti. Ces discours ne feront pas l'histoire, celle-ci, vertigineuse, évoquée aujourd'hui a été son œuvre monumentale.

MARDI 10 OCTOBRE

En traçant une analogie entre Internet et la mère des sept erres, la fameuse masse de Panagaca qui aurait précédé la séparation des masses solides et liquides voilà

240 milliards d'années, Steve Lohr souhaite la bienvenue dans le nouvel espace virtuel, le nouveau continent global.

« Nous voici, écrit-il dans le *New York Times* du 9 octobre, en territoire américain. » Ce monde virtuel ne pouvait émerger que du pays qui a placé sa confiance en Dieu… en Dieu et dans le capital de risques, la quasi-fusion entre l'université et l'entreprise, un passage étroit entre le droit des travailleurs et la flexibilité du marché du travail, la déréglementation et une culture faite d'un goût élevé du risque et de l'ambition de cumuler la richesse.

Dans le monde des apparences, Steve Lohr n'avait pas tort. La « *First global colony* » repose certes sur ce conglomérat de vertus libérales. Mais la « *Free market economy* » s'accommode de l'oxygène public. Cela se vérifie en particulier dans le montage Internet et explique l'avancée et l'avance indéniable des Américains. Au tournant du millénaire, 95 % des actions de sociétés de services et de contenus liés à Internet sont américaines, 85 % des revenus leur reviennent, 50 % de la tribu des internautes paie ses impôts aux États-Unis et 45 % des Américains ont accès au réseau des réseaux à leur domicile ou au travail. On dit que ce secteur compte pour 8 % du PNB, a créé 2,3 millions d'emplois et serait responsable d'investissements publicitaires atteignant 1,7 milliard de dollars.

Comme l'écrit Lohr, une présence aussi massive crée les conditions de la prééminence américaine sur le triple plan technologique, économique et culturel. Ce sentiment est renforcé de plus par la langue anglaise dominante et d'autres caractéristiques reflétant les valeurs américaines : individualisme, décentralisation, déréglementation…

Informée mais naïve, cette description laisse sur le bord de la route l'immense investissement public qui explique l'émergence et le développement spectaculaire d'Internet sur le territoire américain. John H. Gibbons a inventorié cet immense investissement dans son ouvrage passionnant: *This Gifted Age*. L'ancien conseiller du président Clinton pour la science et la technologie rappelle que ce secteur constitue un champ privilégié de l'intervention publique aux États-Unis depuis 1993 à côté de l'aéronautique et du spatial, de la biotechnologie, des technologies de l'environnement et de l'internationalisation des grands projets au sein notamment du forum des grands projets de l'OCDE.

Cette nomenclature forme l'ossature d'une stratégie nationale de redéploiement de la puissance américaine au lendemain de l'implosion de l'empire soviétique: transfert d'une partie substantielle des budgets militaires de recherche dans le secteur de la défense en direction de l'espace civil; interaction des travaux entre les grands laboratoires publics et ceux du secteur privé; alliance régionale entre les puissances publiques, les universités et les entreprises; création de centres régionaux dédiés à la mise à niveau des petites et moyennes entreprises; mise à la disposition de «patient capital»; crédits fiscaux appliqués à la recherche et au développement; ouverture du marché satellitaire jusque-là réservé aux câbles pour les serveurs Internet et reconnaissance légale de la signature virtuelle. Telles sont les composantes du «*New Model of the World*» mis en place avec célérité au début des années 1990, modèle qui fonde la longue période de croissance et de prospérité des États-Unis.

Au-delà de cet ensemble puissant qui les supporte, les développe et les enracine, les technologies de l'information ont bénéficié aussi de ressources spécifiques de grande portée: réseautage des laboratoires fédéraux, des universités et des industries; subventions aux États, gouvernements locaux, écoles et hôpitaux; contributions obligatoires des entreprises de télécommunications aux équipements des universités, des écoles et des centres de formation en technologie de l'information; avantages fiscaux pour les étudiants se prévalant des offres de formation via le réseau des réseaux.

La «*First global colony*» selon l'expression de Steve Lohr n'est pas une création *sui generis*. Elle constitue la pièce maîtresse d'une stratégie intégrée mise en place par le gouvernement de la première puissance du monde. Pour Lohr, Internet est une plate-forme technologique sans plus. Cette dernière peut d'ailleurs accommoder la diversité linguistique, culturelle et politique de la planète. Mais l'auteur reconnaît que la culture, bien davantage que la technologie, consacrera ou non la prééminence dans la longue durée des États-Unis sur le continent global, ce lointain rejeton de Panagaca.

SAMEDI 14 OCTOBRE

Il n'y a plus, dit-on, de blocs, ces inventions diaboliques de la guerre froide. Il n'y a plus que l'économie de marché comme force de rassemblement de sociétés et des hommes… Et pourtant!

La Chine vient de convoquer l'Afrique pour une conférence sans précédent. Il s'agit, nous informent les agences de presse, de mettre en place un nouvel ordre mondial, «un nouvel ordre politique et économique international juste et rationnel» selon les termes choisis par le président Jiang Zemin.

La déclaration de Beijing tranche avec les orientations récentes prises par la communauté internationale et résumées dans le texte publié par le secrétaire général des Nations unies sous le titre «Nous les peuples…». On y dénonce la domination économique et politique de l'Occident, l'iniquité du commerce international, l'écart grandissant entre le Nord et le Sud, l'ingérence des puissances dans des domaines de souveraineté tels les droits de l'homme, la poursuite d'intérêts égoïstes à l'occasion des opérations de maintien de la paix. On y promeut le droit des pays de jouir de l'égalité souveraine et de conduire leurs affaires à l'abri de toute ingérence. On y conforte par ailleurs le Conseil de sécurité en exigeant sa réforme et en le présentant comme la seule instance internationale susceptible de légitimer des interventions internationales dans des pays souverains.

Les représentants des quarante pays africains présents à Beijing ont apporté leur soutien à cette conception des rapports internationaux. Mais comment peut-on aujourd'hui à Beijing même s'opposer aux dirigeants chinois? Comment peut-on prendre ses distances avec une puissance qui, seule dans le monde, peut se penser et se poser comme l'égale virtuelle, voire la solution alternative à l'Amérique dominante?

P. S. : La signature humaine a toujours été auréolée d'une valeur incomparable. Signez, disait-on pour marquer la fin de l'ambiguïté, le consentement définitif à des dispositions arrêtées par un individu ou négociées par des parties. Passe, sous le geste d'une signature, une très ancienne convention, celle de la parole donnée. Or, il faudra nous habituer à un nouveau mode de faire, à la suite de la proclamation le 1er octobre de la loi américaine légalisant la signature électronique et lui conférant une force juridique équivalente à celle de la signature « matérielle ».

Cette mutation modifiera en substance les méthodes commerciales et les habitudes de consommation. Elle en accélérera le rythme, qu'il s'agisse de commerce électronique entre sociétés ou des millions d'actes d'achat effectués quotidiennement par les personnes. Elle consacre à n'en point douter l'espace virtuel comme lieu de rencontre et d'engagement.

Tels furent pour l'essentiel les propos tenus par le président Clinton au moment où il signait électroniquement la nouvelle loi… et, comme l'ont fait tous ses prédécesseurs depuis 1776, en utilisant une multitude de plumes qu'il offre à ses invités pour signer « sur papier » la loi qui met fin à la signature.

DIMANCHE 15 OCTOBRE

Quel est donc le cycle qui s'achève par ces actes de guerre en ces deux premières semaines d'octobre, actes de guerre qui ont si durement marqué l'évolution des rapports entre Israël et l'Autorité palestinienne, marqué aussi tout le Proche-Orient?

Est-ce celui lancé dans l'histoire en 1948 par la partition de la Palestine, partition à laquelle se sont massivement opposés les États arabes du monde?

Est-ce celui inauguré par la négociation de Madrid en 1991 suivie deux ans plus tard par les Accords d'Oslo, et relayée depuis par un grand nombre de négociations dont la récente et longue rencontre de Camp David?

Le premier de ces cycles s'étale sur un demi-siècle, cycle infernal de conflits et de haine marqué par des guerres fameuses, celle notamment opposant Israël et l'Égypte en 1967, et celle généralisée de 1973 pour ne citer que ces moments forts d'une crise grave, profonde et récurrente.

Le second, s'étalant sur une décennie, cycle où se sont conjugués retraits et avancées vers la paix et imposés des compromis rendant cette dernière envisageable au sujet notamment de la sécurité future de la région, du traitement de la question des réfugiés, du partage du territoire, des mécanismes de suivi et, au cœur du cœur de cette négociation, du partage de Jérusalem, du contrôle et de l'accès aux lieux saints.

En recréant les matériaux de l'histoire à venir, celle d'Israël et celle de la Palestine, ce second cycle devait enfouir la rhétorique et les actes de guerre et les exclure des références enfin communes. Tel était le sens de la dernière négociation mise à mal par l'irruption à nouveau de la violence entre les deux communautés nationales. Avant que de s'imposer dans les faits, la paix doit s'imposer dans les esprits, dans un horizon commun, spirituel et matériel.

Les événements des derniers jours ont repoussé cet horizon commun, épuisé le crédit accumulé, brouillé l'espérance d'une reconstruction de l'histoire dans cette partie du monde.

« Sommes-nous condamnés à nous détruire les uns les autres à tout jamais ? Existe-t-il un chemin de sortie ? »

Ces interrogations formulées par le directeur de l'Institut pour la démocratie de Jérusalem, Uri Dioni, illustrent la dimension tragique de la situation qui divise et lie Israël et la Palestine. Elle laisse apparaître à nouveau l'autre voie, terrible et implacable, un avenir de haine, de destruction et de mort.

Cette terrible illustration de l'un des avenirs possibles vient de se montrer telle qu'elle est : bombardements au Sud-Liban en réponse à la capture par la milice chiite de trois soldats israéliens après que l'armée israélienne eut tué deux Palestiniens qui manifestaient en territoire libanais ; bombardements des installations de l'Autorité palestinienne après le lynchage de deux soldats à Ramallah ; libération des prisonniers membres du Hamas par Arafat et concertation politique visant à former un gouvernement d'urgence national en Israël comprenant l'aile dure du Likoud... et partout dans le monde des mobilisations considérables plus près du réflexe ethnique que de la recherche des conditions de la paix.

En ce dimanche 15 octobre, on annonce la tenue d'un Sommet entre les parties. « On ne peut tuer la paix », disait hier Shimon Peres. Pourra-t-on à l'occasion de ce Sommet rassembler à nouveau les matériaux d'une autre histoire pour Israël et pour la Palestine ?

À cette heure, nul ne peut répondre à cette question. Mais la tenue même de ce Sommet permet de croire qu'Israël et la Palestine ne sont pas condamnés à se détruire à tout jamais.

DIMANCHE 22 OCTOBRE

Six ans après la Pologne, l'ancienne Tchécoslovaquie, l'Allemagne de l'Est, la Roumanie et plusieurs autres pays, la Yougoslavie est libérée après la mobilisation de centaines de milliers d'hommes et de femmes à Belgrade et sur tout le territoire de la fédération. Certes, aucune de ces révolutions pacifiques n'a ressemblé à sa voisine sinon par la détermination d'un grand nombre de contrer des régimes opaques et violents, coupables des pires violations des droits humains individuels et collectifs. Dans le cas de la Serbie, c'est une dictature de 13 années qui s'effondre, quatre guerres inutiles ayant jalonné cette longue période d'abus de pouvoir auxquelles s'ajoutent des centaines de milliers de victimes dont les vies sont fissurées à jamais.

On aura pu observer durant ces journées décisives une succession ininterrompue de contradictions tragiques : une Commission électorale qui en trois jours a proclamé des résultats contradictoires ; une Cour constitutionnelle qui annule une consultation populaire puis la rétablit ; une armée dite fidèle à Milosevic et qui se laisse déborder en vingt-quatre heures ; des médias qui, dans la même durée, ont diffusé successivement des informations contradictoires, un jour la défaite de Vojislav Kostunica, le lendemain, sa victoire et son installation à la tête de la fédération.

Telles sont les convulsions d'un État totalitaire soudain rejoint par les exigences de l'État de droit. Il s'agit à la vérité des effets d'une vaste opération de désobéissance civile dont l'essentiel consiste à détacher un régime autoritaire de ses moyens et de le faire voir pour ce qu'il est, illégitime et sans moyen autre que la corruption, la censure et la force brutale. Il s'agit aussi d'accéder à un ordre nouveau de références, dans ce cas celles de la démocratie et du libéralisme.

Stanley Hoffman a dit l'essentiel à ce sujet: «Être libéral ne signifie pas nécessairement croire au progrès, cela signifie seulement croire que l'homme et la société sont susceptibles de progrès, limité et réversible, et qu'il est possible de bâtir des institutions fondées sur le consentement, destinées à rendre la société plus humaine, plus juste et à améliorer le sort des citoyens.»

Certes, le moment est à la réjouissance tant la paix et la sécurité des Balkans étaient incompatibles avec le régime de terreur présidé par Milosevic, tant l'exaltation de l'histoire de la Serbie devait se nourrir de la disparition des minorités ethniques, tant la manipulation idéologique et politique laissait peu de chance à la superbe victoire de la démocratie qui vient de s'imposer à Belgrade. Haut lieu des mises en scène du régime déchu, la splendide esplanade d'Uscc au confluent du Danube et de Sane a répercuté les cris de centaines de milliers de Serbes, cris d'espérance et de liberté.

La fête est belle. Mais l'œuvre de reconstruction sera longue et difficile.

Le pouvoir du nouveau président est fragile. Dans un palais des congrès servant de substitut au parlement incendié, il a prêté serment devant une assemblée hostile composée d'une majorité de députés toujours fidèles à l'ancien régime. De plus, la fédération dont il hérite est profondément divisée: «refaire notre constitution, réconcilier notre nation constitue la tâche des tâches», selon les tout premiers mots du nouveau chef de la fédération. Il lui faudra obtenir une députation loyale, maîtriser les forces spéciales de sécurité, recréer un système judiciaire fort et indépendant, transformer une économie vampirisée par le clan qui vient d'être chassé du pouvoir à Belgrade et aussi décider du sort de milliers de prisonniers politiques.

Il lui faudra trouver les mots et les politiques susceptibles d'éradiquer la haine ethnique qui a tout infiltré, de l'école aux médias, de la fonction publique aux forces de l'ordre, de la rue jusqu'aux esprits.

Il lui faudra décider du sort de son prédécesseur entre le Tribunal pénal international de La Haye qui le réclame depuis mai 1999 comme criminel de guerre et une espèce de Commission nationale de réconciliation qu'il a évoquée pour éclairer longuement le drame vécu dans cette partie du monde.

Alors et alors seulement la Serbie sera vraiment libérée.

LUNDI 23 OCTOBRE

Réunie à Prague, l'assemblée annuelle conjointe de la Banque mondiale et du Fonds monétaire international a produit deux évaluations parallèles concernant l'état de l'économie dans le monde.

Du côté de la croissance, les projections, 4 % pour l'an 2000 et 3 % pour 2001, traduisent une progression significative contrastant avec la moyenne plutôt basse de la dernière décennie. Mais ces évaluations favorables n'ont pas donné lieu à la rhétorique triomphaliste dominante ces dix dernières années. Au contraire, les propos des uns et des autres, et notamment des principaux responsables des deux grandes organisations, ont été, pour dire le moins, modérés voire sobres tant les doutes entourant la nouvelle économie se font insistants et prépondérants.

Certains contestent l'existence même de cette nouvelle économie. Ceux-là ne voient plus, dans les avancées actuelles, les paramètres indiscutables de la croissance, du développement et d'un nouveau partage de la richesse à l'échelle du monde.

Le premier de ces paramètres concerne la libre circulation des capitaux au niveau mondial. À Prague, où la contestation a été limitée en raison des initiatives d'inclusion du président Havel, ce dogme a été mis en débat, notamment après la crise des économies asiatiques de 1997-1998. En effet, cette dernière a abaissé les niveaux de vie, produit vingt millions de chômeurs et absorbé des sommes colossales en provenance notamment du Fonds monétaire international. Certes, la situation apparaît meilleure en cette région du monde, mais elle demeure fragile et préoccupante.

Le second de ces paramètres concerne les besoins de la globalisation de l'économie de s'accompagner de politiques globales visant à contenir les excès manifestes d'un système qui ne peut se satisfaire de l'autorégulation de ses acteurs puissants, les corporations multinationales et les gestionnaires des grands fonds de placement. Or ces politiques globales, comprenant notamment la réforme des institutions financières multilatérales, se font attendre.

Dans un entretien publié dans *Foreign Policy*, Michel Candessus, qui dirige le Fonds monétaire international depuis treize années, a marqué son appui aux réformes de cette institution. Il y affirme notamment son désaccord avec le « privilège » reconnu aux États-Unis et à l'Europe qui veut que la direction de la Banque mondiale et celle du Fonds monétaire international leur soit réservée.

> Ce positionnement était acceptable en 1945... Mais nous devons aujourd'hui adopter un système qui donne plus de poids aux pays du tiers-monde... Ce système devrait de plus prévoir des modifications dans les mécanismes de prise de décision et mettre fin aux vetos américain et européen sur les décisions du Fonds monétaire international.

Les médias ont accordé une importance majeure aux manifestations de contestation à Seattle et signalé avec insistance l'émergence d'une « opinion publique mondiale ». Ce n'est pas minimiser ces manifestations que de rappeler que le vrai blocage ne s'est pas produit dans la rue mais bien dans la salle des délibérations où une coalition puissante des pays du Sud et de pays émergents a refusé d'engager une nouvelle phase de négociation à partir d'un ordre du jour largement inspiré par les pays dits avancés.

Le troisième paramètre concerne l'inégalité croissante dans le développement. Selon l'évaluation du financier Georges Soros, des millions de travailleurs dans le monde jugent, à juste titre, que le nouvel agencement les range durablement du côté des perdants. Cet état de fait apparaît explosif pour un grand nombre d'observateurs. Selon John Evans, le secrétaire général du Comité consultatif de l'OCDE pour les affaires syndicales, «la décennie dite de globalisation a augmenté et non diminué les inégalités dans le monde. Le revenu par habitant en 1960 était 30 fois supérieur pour les pays riches comparés aux pays les plus pauvres, 60 fois en 1990 et 74 fois en 1995.» On est loin, très loin de la rhétorique triomphante de l'OCDE qui, au début des années 1990, proclamait l'existence d'une politique de développement pour tous.

Enfin, le quatrième paramètre concerne l'importance des États, de leur mission et fonction dans le dispositif mondial. Il fut un temps pas si lointain où ces derniers étaient réduits à de vulgaires obstacles dont il fallait rapidement se libérer. La Banque mondiale et le Fonds monétaire international évoquent aujourd'hui le besoin d'États robustes aux institutions solides dans les domaines notamment financiers et légaux et aux initiatives sociales fortes.

En juin 2000, l'OCDE posait la question à l'occasion de son conseil annuel. Son secrétaire général, le Canadien Donald Johnston, répondait par un prudent « peut-être ».

NOVEMBRE

En ce début de novembre, la Côte d'Ivoire n'occupe plus dans les médias internationaux la place importante qui lui fut réservée ces dix derniers mois. Hier encore présentée comme une puissance régionale, citée en exemple pour sa stabilité politique et sa croissance économique remarquable, elle est aujourd'hui prostrée, divisée contre elle-même, condamnée par ses voisins immédiats, le secrétaire général des Nations unies, l'Organisation de l'unité africaine, l'Union européenne et l'Amérique.

Des observateurs compétents évoquent la « congolisation virtuelle » du pays, d'autres la qualifient de « Yougoslavie subsaharienne ». Tous s'inquiètent d'une polarisation ethnique et religieuse, d'une fracture qui sépare le Nord « musulman » représentant 40 % de la population du pays et le Sud « chrétien », d'une affirmation constitutionnelle faisant sa place à la xénophobie dans une nation hier encore tolérante pour les millions d'étrangers qu'elle a accueillis depuis son indépendance.

L'inquiétude porte aussi sur l'affaissement économique de la Côte d'Ivoire, l'arrêt des flux d'investissements, le cumul des arriérés et l'appauvrissement considérable de ses citoyens habitués à une croissance moyenne de 6,5 % depuis 1994, à un PIB et un volume d'exportations qui s'est accru de 35 % depuis 1994, à une balance commerciale favorable et un taux d'épargne représentant 25,4 % du PIB, et à une augmentation continue de dépenses en capital. Tous ces indices sont désormais effondrés, la croissance a été nulle en 1998-1999 et elle sera vraisemblablement négative dans la présente année.

Mais dans l'ensemble des événements difficiles vécus en Côte d'Ivoire depuis le début de l'année, ce qui aura frappé le plus fortement le cœur et les esprits, c'est la découverte d'un charnier près de Yopoungon témoignant à la fois de l'extrême haine au cœur du pays et de la fragilité des rapports raciaux qui le caractérisent désormais.

C'est une suite d'événements tragiques qui a conduit le pays de Félix Houphouët-Boigny au bord du gouffre, du renversement du président Henri Konan Bédié à la candidature du général Robert Gueï, son successeur inconstitutionnel; à l'extraordinaire ruse de ce dernier, dans un premier temps serviteur modeste d'une transition devant conduire et à son retrait et à la restauration de la démocratie; dans un second temps triste plagiaire des politiques xénophobes de son prédécesseur, manipulant les institutions à son profit et accusant pour tous les maux du pays les « ennemis de la Côte d'Ivoire », et les candidats déclarés à des élections présidentielles dont il avait exclu au préalable les deux principales formations politiques du pays; dans un troisième temps candidat battu, dissolvant la Commission électorale, annulant le scrutin et se proclamant victorieux et à nouveau chef de l'État. Cette ruse devenue tragédie provoqua une remarquable mutation de l'appréciation des Ivoiriens, de l'adulation au rejet, de l'appui populaire à la révolte généralisée. La foule d'Abidjan a fait écho à celle de Belgrade.

La légitimité de l'homme qui est sorti victorieux où aucune victoire n'est glorieuse, Laurent Gbagbo, apparaît bien fragile. Son installation au pouvoir contestée à l'intérieur et à l'extérieur de son pays constitue un accommodement, une digue fragile pour contenir le déferlement virtuel de tout ce qui a été caché et recouvert dans la longue durée du pays.

L'homme est un opposant. Déjà en 1971, il fut emprisonné. Dix ans plus tard, il fonde le Front populaire de Côte d'Ivoire qui gouverne aujourd'hui avec lui, puis il s'exile à Paris de 1982 à 1988 pour se retrouver à nouveau en prison en 1992 à la suite de soulèvements violents dont le pouvoir du temps lui impute la responsabilité.

Président de son pays, Monsieur Gbagbo pourra-t-il réconcilier une nation brisée et se hausser à la hauteur qu'appelle une situation d'une grande fragilité?

Pour ce faire, il lui faudra notamment conduire une politique d'inclusion, révoquer les textes xénophobes inclus dans la constitution du pays et rétablir les droits et privilèges de tous les partis politiques.

Pour ce faire, il lui faudra rétablir l'indépendance des institutions, de la Cour suprême à la Commission électorale, la liberté de la presse, le respect des droits et libertés; bref, fonder à nouveau l'État de droit et l'ensemble de ses exigences.

Pour ce faire, il lui faudra affirmer l'autorité civile sur la milice et l'armée dont, dans le cas de la milice, un fragment significatif a respecté la légalité républicaine en refusant de se tourner contre ses concitoyens.

Pour ce faire, il lui faudra pourchasser la corruption dans un pays où les disparités sont si manifestes et œuvrer à la relance d'une économie exsangue. Ses premières décisions concernant notamment la mise en place d'une Commission d'enquête visant à établir la responsabilité concernant le charnier de Yopougon vont dans la bonne direction.

Exigeante, en raison notamment du calendrier électoral qui prévoit des élections législatives avant la fin de l'année, cette énumération non exhaustive des défis qui se présentent au premier responsable de la Côte d'Ivoire illustre les éléments les plus essentiels d'une politique de refondation au sens le plus fort du terme. Dans le cas contraire, c'est la reprise des affrontements ethniques et religieux qui s'imposera. Alors la Côte d'Ivoire pourrait sombrer et rejoindre le Liberia, la Sierra Leone, la Guinée... Ce sont aussi les économies des pays de la région ouest du continent et notamment les pays membres de l'Union monétaire et économique de l'Ouest africain qui seront profondément perturbées en raison du poids économique et financier de la Côte d'Ivoire. C'est finalement la représentation de l'Afrique qui sera à nouveau tirée vers le bas.

En supprimant brutalement l'État de droit, les putschistes de janvier et le général Gueï ont lancé leur pays dans une aventure dramatique d'autant qu'ils ont réaffirmé la politique ethnique qu'ils avaient promis de proscrire. En exigeant le retour de l'État de droit, des dizaines de milliers d'Ivoiriens qui ont manifesté et finalement abattu la dictature ont envoyé un signal majeur au continent et au monde : ne pas identifier les espérances des hommes et des femmes du continent avec les comportements de ceux qui se sont emparés de la puissance publique. Ce message doit être entendu par ceux qui désespèrent de l'avenir de l'Afrique.

DIMANCHE 26 NOVEMBRE

Après Seattle, Prague et Bangkok, l'échec de la Conférence de La Haye illustre à nouveau la division du monde et la très grande difficulté à exercer « des responsabilités communes mais différenciées », selon l'expression du Conseil des ministres de l'Environnement de l'Union européenne. Après le ratage de la relance de la négociation commerciale multilatérale et l'enlisement de la réforme des institutions financières multilatérales, la faillite de la sixième conférence consacrée à la lutte contre l'effet de serre ajoute à l'inquiétude ambiante. Elle éclaire les nouvelles fractures qui fissurent l'élan de la mondialisation.

Il s'agissait à La Haye de mettre un contenu dans le protocole de Kyoto, quatre années après l'adoption de ce cadre par les gouvernements du monde.

Pure coïncidence ou confirmation éclatante des estimations scientifiques convergentes, la dégradation des conditions climatiques touchant durement de nombreuses sociétés ne peut être traitée à la légère. Cette dégradation, selon un récent dossier de l'hebdomadaire *The Economist*, a et aura une incidence majeure. En effet, les zones climatiques pourraient se déplacer de 150 à 550 kilomètres en direction des régions intérieures et transformer radicalement les écosystèmes et les zones agricoles.

À trois reprises depuis 1990, le Groupe intergouvernemental pour l'évolution du climat a publié un état des lieux et son évaluation des défis à venir.

Composé de scientifiques des secteurs privés et publics, le Groupe compte des relais dans la plupart des pays du monde. Un rapport préliminaire pour l'année 2000 représente un consensus arrêté par cette très large communauté de centaines de scientifiques et de chercheurs venus de tous les horizons.

Les éléments principaux de ce consensus méritent un rappel même bref. Il s'agit notamment d'un accord sans précédent concernant le fait et l'importance de l'influence de l'activité humaine sur le climat, influence qui aurait commencé à se faire sentir voilà un demi-siècle. Il s'agit de plus d'un constat unique et commun concernant l'accélération du réchauffement de l'atmosphère, accélération qui n'a pas d'équivalent dans l'histoire.

À partir des données nouvelles recueillies à travers le monde, de modèles informatiques et de projections pour les cent prochaines années, le réchauffement a été porté de 6,3 degrés Fahrenheit — établi en 1995 — à 11 degrés Fahrenheit pour le siècle qui débute. Ce qui est nouveau enfin, c'est l'accumulation des signes visibles de ce réchauffement: fonte des glaciers, diminution des espaces enneigés, réchauffement de la température nocturne, modification du régime des vents... Ce qui est nouveau aussi, c'est l'accumulation des effets vérifiables de l'élévation du niveau des mers, élévation qui menace l'existence de centaines de millions d'habitants vivant dans les zones côtières.

Ces effets vérifiables ont été résumés comme suit par le secrétaire général des Nations unies dans son document de juin intitulé «Nous les peuples»:

> Suite à l'accélération de la tendance au réchauffement, les schémas climatiques sont devenus plus imprévisibles et plus extrêmes tant les risques de catastrophes d'origine climatique se sont aggravés. Rien qu'en 1998, le coût de ces catastrophes a dépassé le montant des dégâts qu'ont provoqués toutes celles qui ont marqué l'ensemble des années 80. Des dizaines de milliers de personnes, pauvres pour la plupart, ont été tuées cette année et, selon les estimations, 25 millions de «réfugiés environnementaux ont dû abandonner leurs maisons. Les dégâts causés par ces catastrophes ont été aggravés par des pratiques écologiquement irrationnelles et le fait que de plus en plus de pauvres n'ont guère d'autres choix que de s'exposer à de gros risques en vivant dans des plaines inondables, à flanc de coteaux sur des pentes instables ou dans des édifices dangereux.

Ces dossiers et évaluations parmi d'autres ont servi de référence à La Haye, divers modèles et projections climatiques illustrant aussi les interactions entre l'homme et l'atmosphère, la végétation et la biosphère, les cycles du carbone et la chimie de l'ozone. Sont désormais connues les interactions et la complexité des rapports entre les composantes de l'univers conjuguées à l'influence de l'activité humaine faisant passer certaines régions du monde de réservoirs de carbone à productrices d'émissions donc de pollution.

L'échec de la Conférence de La Haye est venu notamment de l'impossible réconciliation entre les modèles différenciés proposés pour réduire le réchauffement de la planète, d'un côté le modèle européen, de l'autre celui promu avec détermination par Washington.

La stratégie de l'Union européenne concernant les changements climatiques repose sur deux obligations; celle des pays développés qui doivent réduire de façon importante et réelle les émissions au niveau national; celle de ces mêmes pays à l'endroit des pays en développement visant à «renforcer leurs capacités, à leur rendre accessibles les technologies appropriées et à prendre en compte leurs problèmes de financement». Elle vise de plus à fixer des références strictes pour assurer le respect du principe «d'additionnalité», arrêter un dispositif «d'observance» et un régime «de sanctions strictes en cas de non-respect, sanctions susceptibles de compenser les dommages causés à l'environnement».

Les stratégies proposées par les États-Unis reposent sur un modèle inspiré de l'économie de marché. Selon ce modèle, un État donné pourrait acheter «le droit de polluer» à un ou à des États qui disposent d'une «balance favorable» à l'intérieur d'un volume agréé.

Forts de l'appui du Japon, de l'Australie, du Canada et de la Grande-Bretagne, cette dernière écartelée entre son appartenance à l'Union européenne et la séduction de la proposition américaine, les États-Unis évoquent le précédent des pluies acides et, dans ce cas, l'efficacité d'un modèle inspiré de l'économie de marché. Ils plaident de plus l'irréalisme des propositions européennes. Ces dernières les obligeraient, en dix ans, à réduire du tiers le niveau de pollution actuel découlant notamment de leur structure industrielle et des habitudes de consommation prévalant sur leur territoire. Une telle réduction mettrait à mal leur économie, moteur de l'économie mondiale. Elle exigerait de plus des investissements colossaux et des modifications radicales des conditions de vie. La proposition américaine a suscité de vives réactions. Pour la France, elle libère les pays riches et pollueurs, et notamment les États-Unis eux-mêmes qui produisent à eux seuls le quart des émissions mondiales, de toute mesure de redressement en leur ouvrant le vaste marché des quotas. Elle constitue une franchise pour dégrader davantage l'environnement global, une mainmise des grandes sociétés notamment dans les domaines de l'énergie et des transports « sur l'avenir de l'humanité ». Pour la Chine, exprimant l'appréciation d'un grand nombre, les États-Unis traitent le reste du monde comme « une vaste colonie ».

On annonce pour mai 2001 la convocation d'une nouvelle session de la septième conférence depuis Kyoto. Il apparaît peu probable que soit développée, dans l'intervalle, une position convergente entre les tenants de propositions si dramatiquement opposées.

Sommes-nous condamnés à une dégradation continue pour les temps qui viennent ?

Cette dégradation deviendra insupportable dans un avenir prochain. Elle l'est déjà pour un grand nombre et le sera demain pour des dizaines de millions de personnes. Dans l'excellente publication de l'Institut de l'énergie et de l'environnement de la Francophonie, Bakary Kanté a rappelé récemment les conclusions d'une étude d'impact effectuée au Sénégal par l'Agence américaine pour la protection de l'environnement :

> Pour cette étude, on a retenu quatre scénarios d'élévation du niveau des mers : 0.2, 0.5, 1 et 2 mètres, d'ici 2100, en portant une attention particulière au scénario « 1 mètre », qui semble le plus probable.

Cette étude a permis de conclure qu'une élévation du niveau des mers de 1 mètre risquerait d'inonder et de détruire plus de 6 000 km², pour la plupart des terres humides (donc cultivables). L'érosion côtière menacerait des édifices dont la valeur est évaluée à 500-700 millions de dollars (soit 12 à 17 % du PNB du Sénégal, en 1990) et contraindrait cent dix mille à cent quatre-vingt mille personnes à abandonner leur foyer. Les mesures d'adaptation qui permettraient de protéger les zones déjà mises en valeur coûteraient entre 225 et 845 millions de dollars, et seraient essentiellement consacrées aux stations touristiques le long des plages.

À défaut d'actions décisives, il faudra, dans ce domaine premier, défaire à grands frais, comme pour le secteur nucléaire, ce que nous aurons créé dans l'intervalle; investir massivement dans les technologies énergétiques alternatives et compter les millions de victimes créées par l'incapacité actuelle de tenir à distance les lobbies dont les intérêts dominent aujourd'hui la première puissance du monde.

Le protocole de Kyoto doit être considéré comme une première étape devant conduire à des actions plus décisives. Il porte aujourd'hui la signature de 150 pays… dont très peu de pays industrialisés.

MARDI 28 NOVEMBRE

Des méthodes de reproduction au contrôle des errements génétiques, les leviers d'intervention de l'homme sur «le mystère de la vie» se multiplient. Leurs usages actuels et virtuels laissent entrevoir une maîtrise sans précédent sur la substance même du «vivant», forme et matière séparées, forme et matière confondues.

Immenses et redoutables, les progrès récents de la biologie modifient en substance le rapport de l'homme avec lui-même. Ils constituent, selon les termes du Rapport Lenoir [4], «un saut qualitatif dans l'histoire de l'Humanité». L'attention et la tension dominantes se sont portées naturellement du côté de la vie. Des empreintes génétiques à la thérapie génique, de la médecine prédictive au sexage et au choix des embryons, un vaste vocabulaire traduit cette attention et cette tension.

Dans ce contexte, la décision largement majoritaire du Parlement des Pays-Bas (104 à 40) visant à légaliser l'euthanasie rompt brutalement avec une représentation de la science médicale. En effet, les vulgarisations et les interprétations populaires de cette dernière retiennent d'abord sinon exclusivement la dynamique d'amélioration qualitative et de prolongation quantitative de la vie. Cette décision rappelle le fait de la mort, le fait universel de la mort dans un monde où «elle a disparu de l'horizon et du vécu socioculturel moderne, en dehors des images déformées et violentes qu'en donnent les médias».

Elle rappelle de plus la dimension globale de la vie au-delà de la «partition ambiante» du corps dont la transplantation d'organes constitue sans doute l'illustration la plus saisissante. La réification des corps, cette cartographie mécanique des organismes vivants à l'image des outils technologiques, a conduit à une perte de vue de la globalité de la personne humaine, de la contemplation du couple indissociable vie–mort dont le second terme serait devenu tabou.

Elle rappelle enfin un fait mal connu mais dont le plus grand nombre a l'intuition. Dans les sociétés dites avancées, la mort, sauf expression d'une volonté contraire,

---

4. Noël Lenoir, *Aux frontières de la vie*, Tome I: *Une éthique biomédicale à la Française*. Tome II: *Parole d'éthique*. Paris, La documentation française, 1991.

est rarement naturelle. Elle est différée; ses modalités modulées et sa définition même embrouillée par les pratiques médicales. Selon le Rapport Lenoir, «il n'est pas surprenant que cette extension des moyens confrontés aux limites inhérentes à la condition humaine, aboutisse à des tendances euthanasiques».

La mort assistée vient-elle, dans un tel contexte, mettre fin à des souffrances et/ou à des dégradations naturelles ou bien marque-t-elle l'arrêt des moyens médicaux de la différer?

Ceux qui doutaient encore que la mort soit devenue taboue en Occident auront sans doute été ébranlés par le peu d'attention et de débats suscités par la décision du Parlement hollandais.

Pour la première fois dans l'histoire moderne, un pouvoir légitime et démocratique autorise l'euthanasie et définit les conditions de participation au suicide d'un adulte confronté à de graves souffrances, même si elles ne sont pas terminales.

Les médias ont rapporté la nouvelle... en page 3 ou 9, rarement à la une. Demain, ils feront la manchette avec l'annonce d'une découverte génétique souvent présentée comme un acquis définitif alors qu'il s'agit d'une étape de recherche, sans plus!

Mais on n'y peut rien. La splendeur de la vie et tout ce qui vient la conforter et l'éclairer sont couplés au mystère de la mort. L'ouverture la plus grande et la prudence la plus étendue doivent guider notre intervention dans l'une et l'autre, l'une dans l'autre.

JEUDI 30 NOVEMBRE

L'effondrement des perspectives de paix au Proche-Orient, l'affreuse reprise des actes de guerre entre l'État d'Israël et l'Autorité palestinienne et l'extraordinaire saga électorale américaine ont dominé la couverture médiatique internationale fin octobre et tout au long du mois de novembre. Pour importants qu'ils soient, ces événements n'ont pas épuisé, loin s'en faut, les évolutions du monde méritant mention et considération.

D'où cette chronique consacrée à la grande région de l'Asie où se joue, davantage qu'au Moyen-Orient, la restructuration du monde en ce début du troisième millénaire.

DE LA CHINE

Six millions d'agents sont mobilisés pour effectuer le recensement décennal de la population chinoise. Entre le 1er et le 15 novembre, ils se présenteront dans 350 millions de foyers pour recueillir les matériaux démographiques sociaux et économiques qui permettront de dresser le profil du premier pays du monde.

Gigantesque, l'entreprise permettra notamment de vérifier si la population chinoise a atteint le 1,5 milliard, comme le prétendent certaines études indépendantes.

Prévue pour février 2001, la publication des résultats de ce recensement coïncidera avec une intense activité politique, en raison notamment du renouvellement, au début de 2002, de plus de 50 % des membres du Comité central du parti communiste chinois, instance suprême dirigeant la Chine.

La lutte se fera entre les réformistes dominant aujourd'hui le comité central et les courants conservateurs inquiets notamment « de la perte de contrôle sur l'évolution du pays » et des effets sociaux et économiques d'une politique de réforme du secteur public. Dans ce contexte, l'enrichissement de la croissance, de 7,1 % en 1999 à 8,2 % en 2000, la forte progression des exportations et la maîtrise de l'inflation favorisent apparemment l'aile réformiste. Les résultats du recensement en cours viendront, à n'en point douter, enrichir les hypothèses et les thèses des groupes en présence.

P.S. : Près d'un demi-million de ressortissants chinois poursuivent des études avancées dans les universités étrangères, en majorité américaines. En ce temps d'intense recrutement des cerveaux au niveau mondial, c'est un remarquable renversement des tendances qui caractérisent les choix effectués par les étudiants chinois. Si la quasi-totalité d'entre eux restait à l'étranger jusqu'au milieu des années 1990, depuis, un nombre croissant retournent dans leur pays. En effet, on a estimé à 15 % la croissance annuelle de ce mouvement. À ce rythme « la fuite des cerveaux chinois », hier encore massive, pourrait s'éteindre avant 2015.

Ce mouvement marque certes la réussite d'une vigoureuse politique de soutien au retour poursuivie par Beijing. Mais, avant tout, il traduit le changement profond dans l'évaluation de l'avenir de son pays par la génération chinoise du groupe des 25 à 35 ans éduqués dans les meilleures écoles du monde.

DE LA CORÉE

Voici des images extraordinaires quasi vertigineuses même en ces temps de création virtuelle :

– Celles de Jo Myong-rok, vice-président de la République socialiste et populaire de la Corée du Nord, souriant et posant à côté du président des États-Unis, l'un et l'autre confortablement installés dans les fameux fauteuils Chippendale des salons de la Maison-Blanche.

– Celles de Madeleine Albright aux côtés de Kim Jong-Il au stade de Pyongyang et dans les salons du palais Magnolia, haut lieu de la camaraderie stalinienne mondiale.

« Téléphonez-moi en tout temps », propose le chef de la diplomatie américaine... « Soyez gentille et donnez-moi votre adresse électronique », rétorque le chef suprême de la Corée du Nord...

Hier encore présenté comme le leader autocratique d'un État déviant et terroriste, l'objet d'un culte de la personnalité dégoûtant, l'un des cinq ennemis actifs de l'Amérique, voici Kim Jong-Il devenu « un leader politique pragmatique et bon interlocuteur »... Le chef suprême pour sa part se transforme en « hôte attentif » de la représentante d'une grande puissance hier encore dénoncée comme « la première force impérialiste du monde ».

Pour les autorités de Pyongyang, les enjeux sont d'abord intérieurs, du côté des besoins immenses et immédiats : besoins alimentaires, besoins énergétiques et besoins en investissements de toute nature... Cette situation a déjà fait l'objet d'un troc extraordinaire en 1994. En contrepartie de l'aide américaine, Kim Jong-Il avait alors accepté de suspendre le programme nucléaire de son pays.

Pour l'avenir, les nouvelles relations entre la Corée du Nord et les États-Unis permettront vraisemblablement à Pyongyang d'avoir accès aux ressources des institutions multilatérales dont notamment la Banque mondiale et le Fonds monétaire international.

Pour Washington, les enjeux sont sécuritaires et géopolitiques. Il s'agit notamment de « contenir » le développement du programme de construction et d'exportation des missiles nord-coréens Taepodong dont l'efficacité a pu être vérifiée en 1998, après leur utilisation dans l'espace aérien japonais. Il s'agit de plus de créer les conditions du maintien du rôle militaire prépondérant de l'Amérique dans la grande région du monde, notamment face à la Chine.

Ces événements extraordinaires sont suivis avec grande attention dans les capitales voisines, à Beijing, à Tokyo, à Séoul... Dans cette dernière, un homme modeste est largement responsable de ces mutations remarquables. Intellectuel de haut niveau, dissident, ayant connu la prison, la torture et l'exil, artisan du rétablissement de la démocratie en Corée du Sud en 1997, devenu président de son pays, Kim Dae-jung amorça, contre l'avis d'un grand nombre, la politique de réconciliation entre les deux Corées.

Le comité Nobel a été heureusement inspiré en lui attribuant le prix Nobel de la paix 2000.

DE L'INDONÉSIE

En cette année marquant le cinquantième anniversaire de la République d'Indonésie, cette dernière se débat avec grande difficulté pour rétablir un État de droit fiable maîtrisant notamment les forces militaires, restaurer un système judiciaire fort et indépendant susceptible de fonder à nouveau la confiance dans les institutions nationales, asseoir un régime de droits et libertés qui conjugue à la fois les exigences de l'imputabilité concernant les crimes commis à l'occasion entre autres du vote pour l'indépendance du Timor oriental et celles des droits des prévenus.

Ces objectifs n'épuisent pas les travaux du régime du nouveau président Abdurrahman Wahib. Les questions de la tolérance religieuse dans un pays de 200 millions d'habitants où cohabitent 250 groupes linguistiques et toutes les allégeances religieuses à côté de l'Islam qui regroupent plus de 80 millions des citoyens, enfin la question de la dévolution du pouvoir central en direction des régions dans un pays immense composé de 27 provinces.

Émergeant de la dictature Suharto au pouvoir entre 1968 et 1998, les nouveaux responsables élus démocratiquement poursuivent un imposant programme de réforme : rénovation d'un État vampirisé par le plan Suharto, nomination de nouveaux juges et d'un ombudsman pour accueillir les plaintes des justiciables, relance de l'économie qui devrait connaître un taux de croissance de l'ordre de 4 % en 2000, poursuite des anciens dirigeants, poursuite illustrée par le refus présidentiel récent d'accorder la clémence au fils de son prédécesseur.

DÉCEMBRE

Sous le titre *La Première menace mondiale, le sida*, Nadine Gordiner, prix Nobel de littérature, envoie au monde depuis sa ville de Johannesburg le message suivant: (extraits)

> Dans ce temps où se multiplient les menaces sur la famille humaine, réchauffement de l'atmosphère, pollution des mers, destruction des réserves forestières, les données statistiques concernant le sida stupéfient... Trente-six millions de personnes sont porteuses du virus et onze millions d'enfants sont orphelins à cause de lui...Peu importe le rythme d'accélération des autres menaces, le sida ne se présente pas comme une menace virtuelle. Il est avec nous!

> Il n'y a pas d'avenir pour les enfants nés avec le virus et pour ceux qui le prennent dans les premières années de leur vie. En conséquence, il est devenu impérieux de briser le silence qui isole les victimes et fait écran à la franchise dans les démarches de prévention. L'ampleur du drame et son étendue dans le monde appelle une discussion publique claire et continue. Comment expliquer que le sujet ait été si

totalement absent de la récente campagne présidentielle américaine?

Les responsables politiques, les leaders dans nos
communautés, les économistes (certains d'entre
eux prétendent que la croissance économique du
continent africain pourrait chuter de 25% d'ici
2020 en raison des ravages causés par le sida), les
chefs d'entreprises, les écrivains et les artistes, les
prêtres, les pasteurs, les rabbins et les imams, tous
doivent se liguer pour promouvoir l'ouverture et la
clarté dans les discussions sur la pandémie. Les
radios et les télévisions, Internet doivent être utilisés
compte tenu de leur capacité à rejoindre les auditoires
les plus vastes dans l'histoire des communications.

Les discussions doivent aussi se multiplier dans les
foyers et au sein des familles. Les mères, pères,
grands-parents, oncles et tantes doivent accueillir et
provoquer les échanges s'agissant des désirs sexuels
naturels des jeunes.

Cette semaine, la Société nationale de diffusion de
l'Afrique du Sud a fait publier un imposant message:
«aimez assez vos enfants pour parler avec eux de
sexualité». Ce message vaut pour tous les pays,
toutes les classes, toutes les religions et toutes les
couleurs. Collectivement, nous ne devons pas
accepter de vivre avec le sida et regarder nos
contemporains souffrir et mourir.

P.S. : Dans la foulée de la journée internationale consacrée à la lutte
contre le sida (1ᵉʳ décembre), les informations venues de Chine
méritent un bref rappel. Jusqu'à tout récemment, le sida y était
présenté comme une épidémie étrangère sans prise réelle dans
le grand pays, sauf pour les dopés et les prostitués. Mais voici que le
sida est désormais traité comme une «menace nationale», que la

politique de prévention est hautement critiquée et que les statistiques officielles sont contredites par des données actualisées, alarmantes sans concession.

Selon les chiffres fournis par l'État, ce sont 20 711 citoyens chinois qui seraient porteurs du virus. Selon les articles récents des *Southern Weekend China*, *Youth Daily* et *People's Daily*, ce chiffre est faux. L'épidémie toucherait entre 500 000 et 1 million de citoyens chinois. À l'avant-garde de cette campagne-vérité, des médecins qui s'inquiètent du peu de fiabilité des collectes illégales de sang, de l'expansion de la pandémie dans certaines régions rurales, du peu de prévention dans un contexte qu'ils qualifient «d'explosif».

JEUDI 7 DÉCEMBRE

L'homme est petit et modeste. Né en Chine en 1940 dans une famille «libérale», il vit aujourd'hui dans l'une de ces horribles cités encerclant Paris nommée «le Manhattan de l'Europe». Il a été «rééduqué aux valeurs collectives» durant la célèbre et tragique révolution culturelle, a brûlé l'ensemble de ses œuvres par crainte d'un régime qui a cherché à le réduire à néant en tant qu'écrivain en l'interdisant de publication.

Le voici aujourd'hui, seul, fragile et magnifique devant l'Académie suédoise et le monde pour recevoir le prix Nobel de littérature 2000. Entre le silence où l'un des régimes les plus puissants du monde a cherché à l'enfermer et sa prise de parole à Stockholm, un itinéraire étonnant, aussi superbe que le grand récit de son œuvre principale: *La Montagne de l'âme*.

De l'oppression à la liberté, de la Chine à la France, de la triste banlieue parisienne à la splendeur des palais suédois, cet itinéraire a peu à voir avec les variations extérieures du monde. Ce que notre récipiendaire cherche à éclairer est ailleurs, dans l'immensité intérieure de la vie, la sienne, la nôtre et celle de tous les hommes.

Gao Xingdian dit peu sur lui-même et tout sur l'écrivain qu'il est, et la littérature qu'il fait. Devant les notables réunis pour la cérémonie des Nobel, il évoque une séquence qu'il dit féconde. D'abord se parler à soi-même, «communiquer au moyen du langage vient en second». Tout est dans la liberté, son approfondissement jamais achevé, une sorte de bonheur si intense qu'il vit lui-même, en lui-même et pour lui-même. «Si tu te sers de la liberté en échange d'autre chose, comme l'oiseau elle s'envolera.»

Son discours est un acte de foi, un hymne à la primauté de l'individu, à l'exploration de soi et des «actes inexplicables des hommes». Alors peut émerger «un brin de conscience» que l'œuvre cherchera à exprimer.

L'ampleur de ce qui est mis à la poubelle impressionne: «la littérature ode à un pays, porte-parole d'une classe ou d'un groupe; la littérature comme engagement, ce fléau qui a tant meurtri le siècle dernier; la littérature comme concession au marché et la littérature comme prophétie».

De la Chine, il ne dit rien en apparence. Mais il nomme «désastre» le lien entre idéologie et pouvoir, «déviation» le devoir envers les masses. Sa condamnation de l'État autoritaire est finale. Mais la société de consommation et ses chaînes ne trouvent pas davantage grâce à ses yeux. Il a sur nous tous la supériorité de l'expérience de l'une et de l'autre vécues dans la banlieue de Beijing et celle de Paris. À «l'étouffement des sociétés», il préfère l'exil intérieur pour «sa propre sauvegarde spirituelle».

Vendredi 8 décembre

Éboueurs, livreurs, électriciens, les astronautes d'*Endeavour* qui ont rendu visite hier aux actuels locataires de la Station spatiale internationale ont rempli ces fonctions de services. Ils ont vidé la célèbre station de ses déchets et l'ont équipée de nouveaux ordinateurs. Ils ont de plus installé deux gigantesques panneaux solaires d'une surface de 72 mètres de long sur 11 de large conçus pour fournir l'énergie nécessaire au fonctionnement de l'immense surface qui flotte dans l'espace. L'assemblage de la station spatiale ne sera pas achevé avant 2005, les modules *Zama* et *Unity* l'ont rejointe fin 1998, le module *Zvezda* conçu pour assurer le séjour d'éventuels occupants s'est ajouté à l'été 2000.

Compte tenu de son importance, on parle assez peu de l'aventure de l'exploration de l'espace. Elle fait pourtant l'objet d'une forte compétition internationale exercée par un grand nombre de pays. On pense notamment à l'Inde et au Brésil, à la Russie et à la Chine, aux États-Unis et à l'Union européenne. De plus, elle mobilise des ressources considérables; 10 milliards de dollars en 1970, 42 en 1990 et 180 en 2004. À cette date, ce sont plus de 2746 satellites qui encercleront la Terre accomplissant de multiples fonctions: de la télécommunication qui éponge 48 % des budgets aux transports spatiaux (12 %), des fonctions militaires et d'espionnage (13 %) à celles d'observation de la Terre (15 %), de l'investissement en recherche (15 %) à la climatologie (2 %) et à la navigation (1 %). Enfin, pour les ingénieurs aéronautiques, elle représente une nouvelle frontière susceptible de lancer l'humanité dans une phase nouvelle de civilisation, phase marquée par la découverte de «mondes inédits». Parmi eux, deux noms s'imposent en raison de l'importance de leurs travaux: Carl Sagan et son œuvre principale, *Cosmos*, et Robert Zubin et ses deux œuvres majeures: *The Case of Mars* et *Entering Space – Creating a Spacefaring Civilization*.

Pour Robert Zubin, la planète Mars représente la maison à venir de l'humanité, le lieu de la première colonisation de l'espace et le levier pour d'autres explorations et d'autres installations; les astéroïdes deviennent d'immenses réservoirs de ressources naturelles donc d'investissements et de commerce; le Soleil est vu comme une ressource énergétique aux possibilités incommensurables.

Au nombre des activités spatiales à venir, il évoque l'installation de laboratoires de recherche, la mise en place d'unités industrielles, la création de parcs, d'hôtels et de postes de services.

> D'ici 2010 ou 2020, des personnes séjourneront sur Mars. D'ici un demi-siècle, des villes s'y développeront. D'ici la fin du XXIᵉ siècle, les premières missions dans la ceinture des astéroïdes auront eu lieu. D'ici mille ans, la civilisation humaine se sera manifestée sur plusieurs planètes. Alors, on considérera notre époque comme une sorte d'âge d'or comparable à ce qu'est pour nous l'apogée athénienne.

D'où l'importance de la Station spatiale internationale en voie d'aménagement au coût de 20 milliards de dollars, l'investissement continu dans des vaisseaux spatiaux de plus en plus performants et dans les technologies d'exploration et de mesure des ressources disponibles dans l'espace.

Cet appel est certes inscrit dans le cadastre des besoins matériels de l'humanité. Mais il les déborde dans une projection liant besoins et aspirations de la famille humaine. En date du 15 décembre 1956, Julien Green note dans son *Journal* :

> Kant dit que le spectacle du ciel étoilé nous anéantit comme être physique. Il nous anéantit, il nous arrache à la Terre et nous jette dans l'infini. Je me suis souvent demandé s'il est possible de ne pas sentir cette formidable énergie attractive du firmament.

Certes, ces propositions trop succinctement résumées ici apparaissent stimulantes. Mais on hésite, pour dire le moins, à souscrire à la thèse fondamentale de Robert Zubin voulant « que les défis terrestres soient désormais relevés et que notre planète soit en voie d'unification définitive ». Ces acquis, à son avis ne marquent pas la fin de l'histoire. Ils marquent la fin de la première phase de l'histoire humaine... L'ouverture des frontières spatiales, la création d'une civilisation spatiale fluide et intégrée constituent selon lui « l'enjeu majeur de notre temps, la phase à venir d'une nouvelle civilisation ».

L'optimisme américain est sans limite. La thèse de Tocqueville est à nouveau confirmée.

SAMEDI 9 DÉCEMBRE

Année faste pour les investissements directs dans le monde. Comparativement à 200 milliards pour 1990, ils atteindraient les 1100 milliards en l'an 2000. Voilà apparemment la vérité de la mondialisation... Une partie de sa vérité !

Une lecture complète du rapport de la Conférence des Nations unies pour le commerce et le développement nous en révèle l'autre partie. Les trois quarts de ces investissements ont été effectués dans les pays développés du monde et moins de 20 % dans les pays en développement. Ces derniers voient leur part de cette précieuse manne baisser régulièrement depuis 1996. Un an presque jour pour jour après le fiasco de Seattle, ces données sont peu susceptibles de modifier les exigences de ceux qui ont bloqué la reprise de la négociation commerciale multilatérale et exigent une révision majeure du calendrier de la négociation favorisant, selon eux, les régions et les pays riches du monde.

DIMANCHE 10 DÉCEMBRE

Dans son numéro d'aujourd'hui, le *New York Times* consacre une importante analyse à la création par l'État de la Californie d'un nouvel Institut des télécommunications et des technologies de l'information et à son mandat: éclairer l'avenir et contribuer à son avènement.

En termes clairs, il s'agit de réinventer Internet en prenant en compte les évolutions technologiques récentes: le sans-fil, la fibre optique et les systèmes micro-électriques mécaniques. Il s'agit de tirer de ces nouveaux supports conjugués toutes les potentialités qu'ils recèlent, notamment en matière d'accélération des fonctions, et également de porter ces dernières au sein même du monde physique, principalement dans les domaines de l'environnement, des transports et de la médecine génétique.

Pour diriger l'équipe des deux cents chercheurs du nouvel institut, le gouverneur de la Californie a choisi Larry Smars, l'un des astrophysiciens les plus respectés du monde. Ce dernier a joué un rôle tout à fait prépondérant dans l'expansion du réseau des réseaux.

On lui doit notamment la sortie d'Internet du secteur militaire et la création de mégacentres informatiques dans le secteur civil; son expansion dans les institutions de haut savoir mises en réseau et en direction du grand public. On lui doit aussi le résultat de recherches fécondes visant l'accélération des fonctions du grand système. Enfin, à la direction du Comité consultatif sur les technologies de l'information, il a joué un rôle central dans l'ensemble des politiques américaines qui expliquent en partie la prépondérance des États-Unis dans ce domaine. Bref, l'homme a accompagné et souvent précédé, sur le plan tant scientifique que politique, l'émergence et la consolidation du monde virtuel. On lui confie aujourd'hui le mandat de construire la prochaine étape. D'où l'intérêt manifeste de connaître ses hypothèses de travail et les finalités qu'il poursuit.

Au fondement de ce qui vient, la croissance quasi exponentielle des relais technologiques de l'immense quadrillage planétaire: un milliard d'ordinateurs personnels avant 2010, trois milliards de téléphones cellulaires, 16 milliards d'ordinateurs aux fonctions les plus diverses et croissantes.

Voici un monde dans le monde, écrit Larry Smars, encerclant le monde réel et élargissant l'action humaine... Cette puissance informatique aura un effet plus déterminant que celle, incontestable, de l'électricité dans nos vies.

De l'addition des milliards de relais de l'immense quadrillage technologique planétaire, Larry Smars tire l'hypothèse de la fécondité du nouveau dispositif et éventuellement de l'émergence de capacités autonomes, un nouveau dispositif qui pourrait fonctionner à partir « de son esprit propre ». Telles sont, pour lui, les conclusions logiques des « tendances évidentes » dominantes aujourd'hui.

LUNDI 11 DÉCEMBRE

Pour la première fois depuis plus de dix ans, un président russe effectue une visite officielle à Cuba, identifiée sans plus à « un vieil allié » et à « un pays indépendant » par Vladimir Poutine. Outre des discussions de nature commerciale concernant notamment la fourniture de nickel cubain à la Russie, il semble que cette visite ne réserve aucune surprise.

L'important est ailleurs, dans le lent et efficace travail de reconstruction des liens internationaux de la Russie conduit par son nouveau président. Tirant le maximum de crédit de la situation stratégique de son pays et de son statut de puissance nucléaire, porteur des intérêts économiques des secteurs industriels de la Russie — notamment dans les domaines des hydrocarbures, du nucléaire à des fins pacifiques, de la métallurgie et du spatial —, l'homme cherche à effacer la terrible situation de dépendance et d'isolement de son pays depuis dix ans.

Le voici en Chine où il vend la technologie nucléaire; en Inde et en Iran où il se taille une place significative dans le marché de l'armement; en Angola où il réussit à entrer dans le club fermé des pétrolières; en Corée du Nord où il négocie en porte-parole de la communauté internationale. Voici ses émissaires en Irak, en Égypte, à Belgrade, à Tel-Aviv...

À Washington, on suit avec étonnement cette reconstruction. On note que, contrairement à son prédécesseur, Vladimir Poutine ne situe pas la politique étrangère de la Russie en fonction des requêtes extérieures. Il aurait même, dans certains cas, renversé la vapeur. Selon le directeur du *Moscow Carnegie Center*, «nous sommes désormais contraints de réagir à ses initiatives». À suivre...

■ MERCREDI 13 DÉCEMBRE

Le Traité de Nice devait approfondir la nature et le rôle de l'Union européenne, réformer ses institutions, éclairer les finalités communautaires dans la perspective notamment de l'inclusion des treize États en attente de leur adhésion.

Le texte issu du Sommet des chefs d'État et de gouvernement s'éloigne de ces objectifs indispensables à la cohésion du «vieux continent» et à son rôle de puissance dans le siècle qui vient. Ses acquis apparaissent bien peu convaincants: une charte des libertés sans valeur juridique, un programme social non contraignant, sorte d'inventaire des actions à conduire et susceptibles d'harmoniser les législations nationales, et des modifications aux mécanismes de fonctionnement et de décisions de la Communauté. Comme le notait un observateur déçu, «les chantiers inaccomplis s'accumulent». Bref, la présidence française n'a pas réussi à imposer à ses partenaires ce qu'elle refusait elle-même. Les formules retenues au sujet de la taille de la Commission européenne, de la pondération des voies aux tables du Conseil du partage des pouvoirs entre Bruxelles et les capitales, ont rendu plus confus encore l'avenir d'une communauté qui souhaite certes se consolider mais se refuse aux choix majeurs requis. La Grande-Bretagne refuse toute avancée en matière fiscale. La France nie à la Commission le pouvoir de négocier en matière de commerce international dans le secteur des services. L'Allemagne veut rester maître de sa politique d'asile et d'immigration. L'Espagne rejette toute modification à la politique communautaire en matière d'aide régionale. Ainsi cadastrée par ces puissances internes, l'Union européenne s'est figée dans des compromis qui sont en fait de profonds blocages.

L'enrichissement des mécanismes de coopération renforcée a été agréé à Nice. La formule ramène la communauté à une table de concertation et d'interventions intergouvernementales sans plus. Certes, elle permet à un groupe restreint d'États d'entreprendre mais, de l'avis du président de la Pologne, «cette Europe à deux vitesses équivaut à une nouvelle division du continent».

La nouvelle pondération des votes appartient à la même esquive. Les formules de vote qualifiées ont été négociées gramme par gramme afin d'assurer aux puissances intérieures la prépondérance de leurs choix nationaux sur les impératifs communautaires. Enfin, pour ne citer que ces exemples, la bataille conduite par la France pour le maintien de son égalité avec l'Allemagne appartient à une séquence historique close. Si cette égalité était inespérée pour l'Allemagne au milieu des années 1950 alors qu'elle était réduite et prostrée dans son rang de dernière puissance européenne, elle est aujourd'hui obsolète. L'Allemagne est devenue la première puissance du continent. Elle dispose d'une aire d'influence sans équivalent pour aucun de ses partenaires. François Mitterrand avait compris et accepté cette mutation en consentant à une représentation allemande supérieure à celle de la France au Parlement européen. Comme le notait un membre de la délégation allemande à Nice, la parité politique conduit-elle à la parité financière ? Si oui, l'Allemagne verrait alors sa contribution réduite et pourrait amplifier sa politique bilatérale souhaitée par un grand nombre d'États membres ou candidats à l'Union européenne. Dans une analyse rigoureuse, les *Échos de Paris*, dont l'autorité est reconnue, résume comme suit les acquis de l'Allemagne découlant du Sommet de Nice :

> L'Allemagne s'est payé le luxe de jouer la «force tranquille» durant le sommet, n'exigeant pas officiellement de décrochage vis-à-vis de la France au nom de sa supériorité démographique. Elle n'a eu qu'à tendre la main pour recueillir le bénéfice de son apparente concession : elle a obtenu en contrepartie une forte repondération au Parlement européen. Elle aura, dans une Union élargie, 99 eurodéputés, c'est-à-dire exactement le même nombre qu'aujourd'hui, alors que la France en perd 15, comme la Grande-Bretagne et l'Italie. La France trahit ainsi son mépris bien connu pour le Parlement européen, qui pourtant dispose d'un poids et d'une influence grandissants. Même au Conseil, l'Allemagne se voit indirectement reconnaître son avance démographique. Un «filet» lui permet en effet de demander de doubler le vote à la majorité au Conseil d'une vérification démographique. La majorité en voix devra alors correspondre à 62 % de la population de l'Union, une proportion difficile à atteindre sans les 17 % de l'Allemagne dans une Europe élargie. Gerhard Schröder a encore obtenu un long répit sur

les politiques d'asile et d'immigration, puisqu'elles ne passeront à la majorité au Conseil que dans plusieurs années. Enfin, il souhaitait la convocation d'une nouvelle conférence intergouvernementale en 2004 pour fixer le partage des compétences entre l'Union et les États-nations. C'est acquis.

Rien n'a été résolu à Nice. Les institutions dessinées dans les années 1950 et 1960 pour une communauté à six constituent toujours le socle étroit et inadapté pour la communauté européenne virtuelle composée de vingt-huit membres. Ce fait en cache un autre, majeur et décisif.

Quelle Europe pour le XXIe siècle? Une zone de libre-échange assorti de programmes intergouvernementaux à vitesse variable ou une fédération pleine et entière comme le proposait en mai dernier Joschka Fischer, le ministre des Affaires étrangères allemand?

En prenant rendez-vous pour 2004, les participants au Sommet de Nice ont noté les souhaits du chancelier Gerhard Schröder pour la conférence qu'il présidera alors. À son avis, cette dernière devrait consacrer la prépondérance juridique de la charte des droits, arrêter les juridictions propres à l'Union européenne et celles qui appartiendront toujours à ses États membres et procéder à nouveau à l'examen des mécanismes des décisions communautaires. Dans la comédie des spasmes et des faux-fuyants qui ont dominé les travaux de Nice, le calme et l'assurance du chancelier ont frappé les imaginations. L'homme avait sans doute compris que rien de substantiel ne serait accompli et que son pays venait de gagner quatre années pour conforter sa prépondérance, quatre années pour consolider ses alliances internes, quatre années pour faire partager sa conception de l'Europe et accepter son leadership.

Si les intérêts de l'Allemagne après la Seconde Guerre mondiale ne lui laissaient aucun choix sinon l'alliance avec la France, il en va tout autrement aujourd'hui, tant ses intérêts en Europe centrale, en Russie et en Asie centrale sont devenus vitaux politiquement et économiquement. Le commissaire européen d'origine française, Pascal Lamy, déclarait à la fin de la Conférence de Nice :

> Nous sommes à la fois dans un mouvement de rassemblement de souveraineté à caractère supranational, parce que c'est la condition de survie de nos valeurs dans le monde dans 10 ou 20 ans. Le moment se précise où il faudra dire plus nettement aux citoyens de l'Union ce que nous devons faire ensemble et ce que nous n'avons pas besoin de faire ensemble. C'est dans ce sens que le mot de fédéralisme ne me fait pas peur, parce qu'il a deux faces : dans toutes les constructions fédérales, que ce soit l'Allemagne ou les États-Unis, ce problème de la gestion de l'équilibre entre ce qui est commun et ce qui est laissé au libre arbitre de chaque partie est essentiel.

Les pays membres de l'Union européenne devront éventuellement choisir entre un régime fédéral voulu apparemment par l'Allemagne et un régime confédéral soutenu par la France. Mais ils sont irrémédiablement entrés dans une nouvelle hiérarchie de leur pouvoir historique ; entre la puissance européenne qu'ils désirent et la souveraineté nationale qui les constitue.

Ces deux indissociables ne sont pas contradictoires. L'un naît de l'autre et la trop grande réduction des composantes ne garantit pas un transfert de sens équivalent au nouvel ensemble. Paul Ricœur nomme « consensus conflictuel » ces positionnements irréductibles.

JEUDI 14 DÉCEMBRE

C'est la structure du temps politique proposée par Geremek Bronislaw, le grand historien polonais, qui vient

spontanément à l'esprit à la suite de la « décision partagée » de la Cour suprême des États-Unis qui a porté
George W. Bush à la présidence de la Grande république.
À l'échelle du temps court, celui de l'événement, la victoire du gouverneur du Texas normalise une situation
d'exception. Elle met fin à la dégradation d'une lutte pour
le pouvoir qui s'éloignait dangereusement de la souveraineté et de la volonté du peuple américain. Elle clôt un
jeu plein de risques où les institutions les plus élevées
mettaient en jeu leur réputation et leur légitimité en
venant, en apparence et en substance, à la rescousse d'une
famille politique contre l'autre.

Le temps court peut se refermer sur lui-même sans
plus. Le tumulte s'apaiser. Les affrontements se résorber.
Les légitimités se refaire une virginité. Mais il peut aussi
ouvrir sur le temps long, celui de la mise en cause des
systèmes et des institutions. Sans préjuger de l'avenir, on
peut raisonnablement penser que l'élection présidentielle
du 7 novembre et ses suites immédiates appartiennent à
cette catégorie.

Dans les deux grands partis en présence, des voix se
sont levées pour dénoncer les abus flagrants dans le financement des candidats à tous les niveaux, financement qui
a atteint la hauteur de 4 milliards de dollars, soit une
augmentation de 100 % comparativement à l'élection
présidentielle de 1996. Le président élu ne semble pas
s'émouvoir d'une telle dégradation. Mais il devra vraisemblablement composer avec la coalition bipartisane dési-
reuse de changer ce qui doit l'être dans ce domaine.

La critique des médias est inévitable en toute démocratie. Leur contribution à la perception des candidats,
à l'interprétation des politiques proposées et à la représentation des événements électoraux est déterminante.
Dans le cas de l'élection présidentielle 2000, les grossières
erreurs commises appellent des redressements majeurs et
l'examen exigeant de pratiques redoutables, périlleuses et

dans certains cas condamnables. Ce sont les médias qui, à l'origine, ont créé la confusion à propos des résultats du vote dans l'État de la Floride. La suite a mis en lumière la vétusté du système mécanique du vote, les manipulations de toutes natures qui, à ce jour, rendent inintelligible la volonté populaire dans cet État. Soudain, le système électoral décentralisé, la fierté des États-Unis et aussi l'expression même du fédéralisme américain sont apparus suspects et aléatoires, sans repère commun et, dans certains cas sans fiabilité.

L'existence du Collège électoral apparaît problématique et contestable dans la mesure où ce dernier, dans ses missions et fonctions actuelles, peut produire un résultat qui contredit le vote majoritaire des citoyens. George W. Bush sera l'élu du Collège électoral et accédera en conséquence à la présidence des États-Unis, mais c'est Al Gore qui a obtenu le plus grand nombre de suffrages.

Enfin, le système judiciaire a été forcé de pénétrer loin, très loin dans un domaine qui n'est pas normalement le sien. Il a arbitré de fait dans la désignation du chef de l'exécutif américain. Une telle proximité est contraire au système politique global et à la séparation des pouvoirs. Elle a d'ailleurs été critiquée dans des termes rarement retenus dans le passé. Les cours de justice ont été qualifiées de «succursales partisanes».

Cumulés, ces disfonctionnements convergents ont failli faire basculer la démocratie américaine dans l'inconnu.

Au terme d'une crise virtuelle grave, un grand nombre d'Américains ont le sentiment d'avoir exercé en vain leur droit de citoyen, d'avoir été les victimes d'un système qui a élevé à la plus haute fonction de la première puissance mondiale le candidat qui a obtenu l'appui minoritaire des électeurs; d'autres savent que leur vote n'a pas été pris en compte et que tout a été fait par l'équipe gagnante pour qu'il en soit ainsi. La minorité afro-américaine notamment entretient des doutes majeurs concernant le traitement réservé à ses membres dans l'État de la Floride.

L'ensemble de ces doléances feront vraisemblablement l'objet d'études et d'interventions nombreuses ainsi que le résultat lui-même. Concernant ce dernier, rien ne serait plus terrible que le dévoilement de preuves selon lesquelles les résultats proclamés seraient contraires au résultat réel. La logique du temps très long, au cœur de la civilisation américaine et de ses fondements — égalité politique et juridique des citoyens, séparation des pouvoirs et indépendance du pouvoir judiciaire, équité du système de sélection des responsables politiques, équité garante de leur légitimité — pourrait alors poser ses exigenges.

Le temps est à la réforme au pays du président élu, George W. Bush, peut-être aussi à la modestie sur la scène internationale où Washington s'est comporté ces dernières années comme un maître de musique généreux de ses propres partitions en matière notamment de systèmes électoraux et des fondements de la démocratie.

VENDREDI 15 DÉCEMBRE

Du regroupement d'informations diverses concernant le développement du secteur informatique, on peut tirer les enseignements suivants: la Chine est devenue le premier marché du monde pour l'investissement dans ce secteur, et le deuxième pour la consommation d'équipements informatiques.

Au chapitre de l'investissement, *Motorola* vient de porter à 3,8 milliards de dollars sa mise et se hausse ainsi au premier rang des investisseurs étrangers dans l'histoire de la Chine. *IBM*, *Intel* et la japonaise *NEC* ont aussi fait des annonces semblables. De plus, des initiatives «nationales» de grande envergure et parfois étonnantes viennent enrichir les capacités de production chinoises dans ce secteur. *The Economist* rappelait récemment l'investissement conjoint, atteignant 1,6 milliard de dollars, du fils du président de la Chine et du fils de l'un des plus grands industriels taiwanais. En mars dernier, le groupe *NOKIA* s'associait à la société *Sohu-com Inc.*, l'une des plus importantes sociétés chinoises de services en communication, et entrait en compétition avec la *China Mobile Telecommunications Corp.*, numéro 1 du sans-fil, et avec la *China United Telecommunication Corp.*, numéro 2 dans le domaine.

Au chapitre de la consommation, les prévisions médianes de croissance sont de l'ordre de 20 % par année en accompagnement des besoins dans un grand nombre de domaines, des transports à l'énergie, de la gestion publique et privée au secteur aéronautique et spatial. Plus directement visible, la croissance de la consommation dans le secteur des communications illustre les mutations en cours. Ainsi de 70 millions de téléphones mobiles en l'an 2000, on passerait à 100 millions en 2001, à 250 millions en 2004.

Pour spectaculaire qu'il soit, ce dernier chiffre marque une pénétration de moins de 6% du marché chinois.

Les investissements précédents visent certes le marché des mobiles, mais comme le rappelait la revue *Forbes* dans son numéro du 13 novembre, ce qui est aussi visé, c'est le marché des composantes électroniques pour un grand nombre de sociétés chinoises qui s'apprêtent à s'installer sur le marché mondial.

La Chine occupe aujourd'hui le deuxième rang mondial de la téléphonie cellulaire, elle pourrait passer au premier rang en 2005. À la fin de la première décennie du XXIe siècle, elle pourrait approvisionner son marché intérieur et occuper une place non négligeable sur le marché mondial de l'informatique.

SAMEDI 16 DÉCEMBRE

En réunissant les activités des sociétés *Framatome* et *Cogema*, le gouvernement français crée le premier acteur nucléaire intégré au niveau mondial capable d'assurer toutes les fonctions visant l'utilisation de l'atome à des fins énergétiques : production du combustible, maîtrise de son retraitement et construction de réacteurs. *Dobco*, le nouveau groupe industriel, pourrait se voir renforcé par des partenariats industriels majeurs et son inscription à la bourse de Paris.

Le choix effectué par le gouvernement français équivaut à un vote de confiance en faveur du secteur de l'énergie nucléaire et à une volonté stratégique d'occuper une place prépondérante dans le vaste marché mondial de construction de centrales dans les prochaines décennies. Ce choix vient en conflit manifeste avec la décision du gouvernement allemand d'abandonner l'atome civil d'ici 2021. Mais il prend en compte la croissance des besoins énergétiques et fait le pari que ces derniers seront largement comblés par l'énergie nucléaire, notamment dans le contexte de lutte contre l'effet de serre arrêté à Kyoto.

Près de quarante centrales sont en construction en Asie et les besoins de la Chine sont colossaux. Si, aux États-Unis et en Europe, les programmes de construction de centrales sont arrêtés, ce choix est fortement mis en cause des deux côtés de l'Atlantique. Dans le cas de l'Europe, l'Union européenne s'inquiète de l'approvisionnement énergétique du continent à l'horizon 2025. Dans un Livre vert récent, elle « recommande à ses pays membres de ne pas renoncer au nucléaire, tout en prônant une meilleure transparence de la gestion des déchets ».

L'autre dimension de la politique française tient à la stratégie d'occupation par l'Europe de secteurs stratégiques, comme le prouvent la création récente d'EADS dans le secteur de l'aéronautique civile et militaire, le soutien à *Airbus Industrie* dans le secteur de l'aviation civile et les travaux en cours pour occuper l'un des tout premiers rangs des motoristes au niveau mondial.

P.S. : Les principaux éléments du décalogue de la Banque mondiale sont connus: prudence fiscale, réduction des charges et des coûts, délaissement des personnels et prime de réinsertion, investissements stratégiques. Regroupés sous le fameux vocable de « l'ajustement structurel », ces choix doivent alléger le secteur public, réduire le volume des fonctionnaires et réunir les conditions de l'efficience dans la gestion publique. Répétées dans d'imposants rapports, serinées dans d'innombrables conférences, assénées aux dirigeants des « pays non-membres de l'économie mondiale », selon l'élégante formule de l'OCDE, ces thèses ont alimenté une prêche incessante de Brasilia à Bucarest, de Bamako à Séoul... Tout est dans la discipline macro-économique... et la statistique minceur !

Engagée depuis 1997 dans une politique dite de réduction stratégique, la Banque mondiale devait décentraliser ses opérations, accroître sa productivité, réduire son personnel et introduire l'efficience dans ses systèmes de gestion.

Trois ans plus tard, l'évaluation de cette politique révèle que la ressource qui devait permettre de réduire le personnel a conduit à l'accroître, que les systèmes efficients de gestion demeuraient incompréhensibles pour le plus grand nombre et que la gestion de la réduction stratégique a été opaque... Bref, la Banque mondiale a fait preuve d'une capacité de réforme à la hauteur moyenne des pays qu'elle admoneste, morigène et punit au nom de principes qui, apparemment, ont l'effet d'un corps étranger sur la très grande maison de Washington.

LUNDI 18 DÉCEMBRE

La jeune patiente était identifiée par le numéro 0069, le site de l'expérimentation par le numéro 6587, l'expérimentation elle-même par le numéro 154-149. Nous voici à Kano au Nigeria... L'emplacement importe peu.

Il pourrait être ailleurs dans la zone sous-développée du monde, à Hué, à Bélem ou à Bucarest... La jeune patiente est morte à la suite de tests pour des médicaments nouveaux conduits par l'une des plus grandes sociétés pharmaceutiques du monde, l'américaine *Pfizer*. Le *Washington Post* a fait enquête et mis à jour des pratiques douteuses, disent les uns; criminelles, disent les autres.

Voici un système sans contrôle, déployé dans des conditions minimales d'exécution et de suivi et avec un appui médical faible.

Voici dans le cas du Nigeria une expérimentation préparée en six semaines comparativement à un an pour une expérimentation semblable aux États-Unis ou en Europe.

Voici un médicament, le trovan, qui n'a jamais été approuvé pour l'usage des enfants, qui est limité dans le cas des adultes aux États-Unis, refusé pour tous en Europe.

Les analystes de *Wall Street* prévoyaient un rendement de plus de 1 milliard de dollars annuellement pour le nouvel antibiotique. La petite fille du Nigeria au numéro 0069 et les milliers d'autres personnes testées dans les pays en développement comptent pour peu dans ces projections. Il s'agit de produire rapidement et massivement... de garder la confiance des actionnaires... de conquérir des parts de marchés solvables au niveau mondial.

Cette trilogie de finalités conforte les conditions de vie du fragment aisé du monde. Rien, absolument rien ne justifie le fait effroyable que cette bonne fortune repose sur les risques de mort et la mort injectée aux plus démunis du monde.

MARDI 19 DÉCEMBRE

Le secrétaire général des Nations unies, Kofi Annan, a introduit dans le vocabulaire international le terme de «société incivile». Dans son appel de juin: «Nous les peuples», il s'explique en quelques pages particulièrement senties sur la croissance exponentielle des risques liés à la criminalité internationale.

Les données disponibles lui donnent amplement raison.

Ce sont plus de 700 000 femmes et enfants qui, sous toutes les latitudes, font l'objet de traite aux fins du travail forcé, de l'esclavage, de l'adoption souvent douteuse et de la prostitution.

Ce sont plus de 1000 milliards de dollars par an qui font l'objet d'un blanchiment d'argent, dont près de la moitié au seul chapitre du trafic mondial des narcotiques.

Ce sont plus de 450 milliards de dollars par an qui servent à l'espionnage industriel, pour ne citer que ces exemples.

La grande criminalité a une parfaite maîtrise des technologies de l'information. Elle transpose dans le monde virtuel ses pratiques déployées dans le monde réel. Ce faisant, elle les adapte, les enrichit et les sécurise. Pour l'heure, les pouvoirs publics sont sans vrai moyen face au cybercrime, à sa nouveauté, son étendue et sa croissance continue.

D'où l'importance de la Convention contre la criminalité internationale signée par cent vingt-quatre pays à Palerme le 15 décembre. De cette signature à l'application des ententes de la Convention, le passage est étroit. Quarante États devront l'adopter formellement pour qu'elle acquière force de loi. Chaque gouvernement pourra alors «judicialiser» la participation à un groupe criminel organisé, le blanchiment d'argent, la corruption et l'entrave au bon fonctionnement de la justice ainsi que la responsabilité des entreprises lorsqu'elles sont impliquées dans des activités criminelles.

Les deux protocoles annexes à cette Convention traitent respectivement du trafic illégal des immigrants et de la traite des personnes. Pour des motifs obscurs, un nombre limité de gouvernements ont signé ces protocoles.

On a qualifié cette conférence de plein succès. Il semble plus juste d'évoquer une première étape de concertation et de décisions dans un domaine qui requerra une volonté politique sans faille et une détermination de tous les instants.

Portée par les technologies de l'information, la société internationale ne doit pas devenir «incivile». Le secrétaire général des Nations unies a raison d'alerter les opinions publiques et d'interpeller les gouvernements. Mais il ne peut, dans l'étape actuelle, se substituer à ces derniers.

CHRONIQUE CHINOISE

Dans une étude récente intitulée *China 2020*, la Banque mondiale ne tarit pas d'éloges sur l'évolution de la Chine. Elle qualifie de «spectaculaires réussites» ses deux transitions en cours, d'une société rurale à une société urbaine, d'une économie planifiée à une économie de marché. Les nouvelles en provenance de la Chine, en ces derniers jours de l'an 2000, viennent conforter cette évaluation plus que favorable.

Voici le pays le plus peuplé du monde.

Voici un pays hier encore fermé sur lui-même, coupé des flux de capitaux privés, des transferts de technologie, des marchés régionaux et mondiaux.

Voici un pays au taux de croissance parmi les plus bas du monde et, conséquemment, incapable de faire éclater le cercle infernal d'une pauvreté affectant plus de la moitié de sa population.

Voici la Chine deux décennies plus tard.

Voici un pays accueillant la part la plus élevée des investissements privés hors de l'espace industrialisé du monde, lieu du plus important transfert de technologies et devenue elle-même productrice et exportatrice de technologies.

Voici un pays fortement installé sur les marchés régionaux et mondiaux convoitant à l'horizon 2020 le deuxième rang dans le commerce mondial après les États-Unis et dont les deux principales places boursières, Shanghai et Shenzhen, produisent les rendements les plus élevés au monde.

Voici un pays générant le plus haut taux de croissance du monde (8 % en moyenne annuelle depuis 1978) et ayant réussi à libérer de la pauvreté plus de 200 millions de ses citoyens.

Après avoir rappelé les fondements d'une telle performance — relative stabilité, haut niveau d'épargne, succès de réformes pragmatiques, force de travail scolarisé [5], appui majeur de la diaspora et consolidation des capacités administratives —, la Banque mondiale conclut : « La Chine a accompli en deux générations ce qui ailleurs a été acquis en plusieurs siècles. » À l'échelle de l'histoire moderne, seuls les États-Unis et le Japon peuvent se prévaloir d'une telle performance.

Entraînée à la fois par ses immenses besoins intérieurs, les exigences de son intégration dans la communauté internationale et son positionnement comme puissance, la Chine marque déjà et marquera davantage l'évolution du monde dans le siècle qui vient.

Comme l'illustre la présente chronique qui clôt ce journal de l'an 2000, elle possède déjà une force d'attraction considérable comme premier marché virtuel. De plus, les effets de sa croissance remarquable se font et se feront sentir dans plusieurs régions du monde. Enfin, pas à pas, elle crée les conditions de sa prépondérance en Asie et de son statut de puissance internationale.

---

5. L'illettrisme ne touche que 3 % des citoyens chinois du groupe d'âges 10–24 ans.

LA PREMIÈRE PLACE EN TÉLÉPHONIE

En annonçant une réduction de 60 % du prix de la téléphonie pour le premier janvier 2001, Beijing prépare à la fois l'ouverture de son marché intérieur à la compétition internationale et son entrée à l'OMC. Si les projections accompagnant cette annonce se réalisent, ce sont 180 millions de téléphones fixes qui, en 2008, se seront ajoutés aux 108 millions existant aujourd'hui à parité avec la téléphonie cellulaire dans le grand pays. Alors le marché chinois de la téléphonie occupera la première place au niveau mondial, devançant le marché des États-Unis.

Ainsi, à la fin de la première décennie du XXIᵉ siècle, la Chine pourrait compter sur un parc téléphonique de plus d'un demi-milliard d'unités comparativement à 50 millions en 1980. Véritable révolution, cette croissance est spectaculaire. Elle a et aura des effets d'accélération déterminants sur la société chinoise et ses relations avec la communauté internationale.

LA DEUXIÈME PLACE EN ÉNERGIE

Membre du club restreint des pays exportateurs de pétrole jusqu'en 1993, la Chine a changé de camp depuis. Elle a rejoint celui des pays importateurs. Sa demande énergétique croît de 3,5 % par année. Elle doublera d'ici 2020 et se situera alors au niveau de la demande de l'Union européenne. Évaluées aujourd'hui à 1,2 million de barils par jour, ses importations de pétrole étranger atteindront plus de 4 millions de barils par jour en 2010, le double en 2020, selon l'Institut des politiques publiques de la *Rice University*.

Ce niveau de besoin la situera au deuxième rang des importateurs de pétrole après les États-Unis et aura des conséquences majeures sur les relations entre Washington et Beijing et sur leur politique respective vis-à-vis du monde arabe, du Proche et du Moyen-Orient, sources pour les deux pays de près des trois quarts de leurs importations de pétrole.

Certains, aux États-Unis, plaident pour la création d'un front commun américano-chinois visant le maintien des conditions de stabilité dans la grande zone productrice de pétrole. D'autres découvrent avec inquiétude les effets actuels et virtuels de la politique étrangère chinoise au Proche et au Moyen-Orient, ses relations étroites avec l'Irak, l'Iran et les pays du Golfe, sa pleine reconnaissance de l'État d'Israël, l'un de ses fournisseurs les plus importants de technologies militaires avancées.

Quel sera le rôle de la Chine au Proche et au Moyen-Orient au XXIe siècle ?

Cette question avait peu de réalité dans un passé encore récent, sauf pour les alignements idéologiques prévisibles concernant notamment l'avenir du peuple palestinien. L'évolution économique de la Chine requerra un accès continu et assuré à des ressources énergétiques qui sont aussi convoitées par des pays dits développés et, au premier rang, par les États-Unis. Ce nouveau positionnement illustre avec force l'un des effets de la croissance de la Chine sur la géopolitique mondiale.

LA PAIX DANS LE GOLFE DE TONKIN

Dans les millénaires, le Tonkin évoque une succession de conflits de grande envergure opposant successivement les Chinois (dès le IIe siècle avant Jésus-Christ), les Japonais, les Français et les ethnies qui, ensemble, forment le peuple vietnamien. La grande plaine de Song Koi arrosée par le fleuve rouge est certes l'un des plus importants greniers de l'Asie. Mais elle commande surtout, dans cette région de hautes montagnes, la route vers le Sud-Est, vers les royaumes du Cambodge, de la Thaïlande et du Laos… Ses côtes où se trouvent les importants ports de Haiphong et de Bei Hai donnent accès à une immense baie intérieure protégée par l'île de Hainan dans la mer de la Chine méridionale.

La signature, le 25 décembre, par le président chinois Jiang Zemin et le président vietnamien Tran Duc Luong de l'Accord du golfe du Tonkin est un événement considérable. Cet accord arrête des frontières maritimes et en conséquence les zones économiques et halieutiques entre les deux pays. Il met fin aux conflits concernant les frontières continentales entre le Vietnam et son grand voisin. Enfin, il crée un cadre de négociation concernant les îles Spratly et Paracel qui sont l'objet de convoitise de la part de la Chine et du Vietnam, mais aussi des Philippines, de Brunei, de la Malaisie et de Taiwan. Les immenses richesses du sous-sol marin expliquent cette véritable cohue.

Pour la Chine, l'Accord du golfe du Tonkin a valeur d'exemplarité. À ceux qui qualifient sa politique régionale d'hégémonique, elle pourra citer cet accord comme un exemple probant de son désir de paix et de bonne entente avec ses voisins. Pour le Vietnam, il constitue une avancée considérable, l'assurance d'une sécurité accrue au nord-ouest du pays où il partage avec son grand voisin une frontière immense parmi les plus contestées du monde.

À Hanoi, où l'on aime citer l'une des plus grandes figures politiques et littéraires du pays, l'écrivain Nguyen Trai (1380-1442), on peut désormais proclamer avec lui: «Les quatre mers sont calmes à jamais, partout souffle le vent du renouveau. Qu'en tout lieu, tous le sachent.»

ÉPILOGUE

Nous voici entrés dans le troisième millénaire. Il emporte dans son élan invisible et puissant les continuités et les ruptures dont ce journal témoigne. Il est aussi porteur d'une part de mystère qui nous sera révélée par les générations futures. Ces complémentaires invitent à la modestie, «car si le monde est tout ce qu'on peut dire, nul ne peut tout dire du monde».

Pour écrire cet épilogue souhaité par mon éditeur, je relis ce travail ayant exigé de plonger dans le plus vaste éventail possible des expériences humaines vécues en l'an 2000. J'y découvre tout ce qui n'y est pas dit expressément et qui marquera *les temps prévisibles*.

Je pense notamment au renversement du poids respectif des régions du monde. Deux milliards d'hommes naîtront d'ici 2020, portant la famille humaine à huit milliards des personnes: 50 % d'entre elles vivront en Asie, près de 20 % en Afrique, 12 % en Europe et en Amérique du Nord, contre 33 % en 1930.

Que réserve ce déplacement de la centralité du monde, de l'Occident vers l'Asie qui contiendra les deux régions les plus peuplées du monde, l'Asie du Sud autour de l'Inde, et l'Asie du Nord autour de la Chine, comptant l'une et l'autre plus de 1,6 milliard de personnes?

Je pense de plus au vieillissement des populations dans la partie développée du monde et à ces trois milliards de jeunes qui, en 2020, vivront en Asie, en Afrique et en Amérique latine.

Que réserve cette situation inédite pour les sociétés dites développées qui, à l'exception des États-Unis, devront accueillir des dizaines de millions d'immigrants pour conserver l'équilibre actuel entre producteurs et retraités?

Que réserve cette situation pour les sociétés du Sud qui devront trouver des modèles de développement faisant leur place à des besoins d'investissements colossaux: équipements de base pour l'éducation, le logement, les soins de santé, l'aménagement urbain, les transports publics, l'approvisionnement énergétique et l'approvisionnement en eau, le traitement des déchets, etc.? Sans parler évidemment de l'emploi.

Je pense aussi à l'accroissement spectaculaire de la population urbaine, de deux milliards et demi aujourd'hui à cinq milliards en 2020. Le monde compte aujourd'hui 19 mégapoles, définies comme des entités urbaines de dix millions d'habitants ou plus; il en comptera en 2020 plus de 40, dont 20 en Asie, parmi lesquelles cinq villes asiatiques qui auront alors plus de 20 millions d'habitants.

Ceux qui continuent à rêver d'un modèle unique de développement pour l'ensemble des pays du monde, et qui proposent le clonage des États sur le modèle poussé par les fondamentalistes de l'économie de marché, auront sans doute quelques surprises dans l'avenir. On ne pourra pas gouverner l'ensemble des sociétés selon un seul et même principe. Kofi Annan a dit l'essentiel en affirmant que «nous devons tout faire pour renforcer la capacité des États de gouverner, et non continuer à les ébranler».

Ces matériaux aussi et tant d'autres participent à *l'enchaînement des millénaires.* Ils débordent le seul éclairage occidental et rendent justice à la multitude des besoins, des énergies et des aspirations innervant le monde, ainsi qu'à la pluralité des perspectives qui «nous vouent historiquement à l'Histoire».

Les avancées scientifiques et technologiques évoquées dans ce journal modifient en profondeur la vie des hommes et l'organisation des sociétés, selon le titre du dernier ouvrage d'Anthony Giddens. Elles élargissent la négociation commerciale mondiale à des domaines inédits, de la sécurité des investissements à la culture, en passant par l'éducation. Elles creusent l'écart entre les sociétés avancées et celles «non-membres de l'économie mondiale» selon l'expression de l'OCDE. Elles font apparaître la prépondérance chronologique et structurelle des États-Unis concernant les composantes de la nouvelle configuration mondiale.

Le ralentissement actuel de la mondialisation trouve peut-être une première explication dans la différenciation du temps scientifique et technologique, du temps social et du temps humain. Cette différenciation n'a pas la même portée pour les sociétés avancées et les sociétés en développement. Mais partout s'agrandit une fracture culturelle sans précédent entre les représentations coutumières de l'univers et de la vie produites dans la très longue durée et les nouvelles explications de l'univers et de la vie évoluant à un rythme accéléré dans la très courte durée. Déjà en 1993, dans une intervention maintenant célèbre, Samuel Huntingdon avait évoqué les effets d'une telle fracture. Il s'agissait pour lui d'une éventuelle confrontation à venir entre l'Occident et l'Islam. Comme le montre ce journal, cette hypothèse des écarts est beaucoup plus vaste. Elle se vérifie en Occident même, et avec un retentissement plus considérable hors de l'Occident.

Cette fracture n'est pas sans précédent.

Mais ce qui est nouveau, c'est le caractère global de ses effets: aucune société n'est épargnée ou protégée.

Ce qui est nouveau, ce sont les domaines multiples où elle se laisse voir, les regroupements internationaux qu'elle suscite et les craintes fondées ou non qu'elle génère — domaines, regroupements et craintes rendus possibles par « l'instrumentalité technologique » mondialisée.

Ce qui est nouveau aussi, c'est le changement de nature des instruments scientifiques et technologiques eux-mêmes. Ces derniers ne sont plus des outils d'accompagnement, des instruments certes puissants mais limités, comme ils le furent durant des siècles. Ils acquièrent des formes d'autonomie dans l'analyse et l'intervention qui bouleversent déjà et bouleverseront davantage, dans l'avenir la représentation de l'Homme et de l'Univers, de l'Homme dans l'Univers.

Nos amis marxistes nous ont laissé quelques expressions utiles dont celle de saut qualitatif qui vient spontanément à l'esprit devant de telles mutations de « l'instrumentalité technologique » devenue créative. On ne s'étonne pas de voir cette dernière soumise à l'examen critique des scientifiques eux-mêmes inquiets du « totalitarisme » que ces mutations génèrent, soumise aussi à l'examen critique des philosophes qui cherchent à en dégager la signification. L'un des plus célèbres d'entre eux, notre compatriote, Charles Taylor, y voit l'un des fondements du « malaise de la modernité ».

Les acquis scientifiques et technologiques n'ont pas comme seul objet la création de réseaux mondiaux et interactifs de communication entre les hommes et les sociétés. Cette fonction est acquise et ses évolutions à venir connues. Leurs applications débordent ce champ déjà immense. Elles plongent loin leurs effets concernant la maîtrise de la matière et de la vie dont les distinctions sont d'ailleurs de plus en plus ténues. Elles éclairent de plus les macrocosmes identifiés précédemment du côté de l'infiniment petit et de l'infiniment grand, de l'Univers, de la matière et de la vie. Elles les lient d'une manière saisissante tant l'explication de la vie, de ses origines et de ses composantes pourrait trouver réponse dans l'explication de l'Univers.

Les mouvements scientifiques et technologiques évoqués ci-avant ont connu une accélération continue en parallèle et convergente avec les spectaculaires avancées de l'économie de marché depuis une décennie. Ces avancées peuvent être résumées comme suit:

– Ralliement quasi universel à l'économie de marché de ceux qui, avant 1990, participaient à une autre vision du développement, celle du centralisme démocratique, forme avancée du socialisme.

– Coalition puissante d'institutions multiples et de regroupements nombreux, publics et privés, visant à conforter l'économie de marché, à l'imposer comme seule conception de la croissance, du développement étendue à l'ensemble des sociétés humaines et clarification de ses fondements devenus les critères obligés des négociations internationales les plus déterminantes.

– Impressionnante redéfinition de la politique américaine dont John Gibbons nous a donné une analyse exhaustive dans l'un des ouvrages les plus importants des dernières années: *This Gifted Age*, et que nous avons évoqué dans ce journal.

Dans l'euphorie des premières années qui ont suivi l'effondrement de l'empire soviétique, ces questions structurelles ont été comme voilées par l'immense surface des questions événementielles et existentielles bouleversant le destin de centaines de millions de personnes, et celui d'un pays sur trois dans le monde. Ces questions structurelles refont surface aujourd'hui avec force. Voici à nouveau le temps de la réalité et de la complexité du monde.

Comme nous l'affirmons dans l'introduction, l'idée d'une avancée sans obstacle, d'une marche vers un monde homogène représenté notamment par la fameuse théorie de « la fin de l'Histoire », ce raccourci des vainqueurs, est mise à rude épreuve. En effet, la force des héritages, la diversité des situations, la pluralité des intérêts, les niveaux de développement et d'appropriation des technologies du temps dessinent tous un monde à vitesse variable. Les avancées spectaculaires des uns révèlent la distance les séparant du grand nombre.

Bref, la conjoncture prévalant au début des années 1990 et qui fut maîtrisée avec une extraordinaire célérité par Washington a considérablement évolué. Certes, la logique de l'économie de marché s'est imposée partout, mais les conditions de la concurrence mondiale, économique et politique, se sont modifiées ou recréées à nouveau.

Ce positionnement n'est pas théorique. Il est au cœur de la phase actuelle de la mondialisation et de son ralentissement. Il explique notamment:

- Les conceptions différenciées de l'Union européenne et des États-Unis concernant les contenus de la négociation commerciale mondiale.
- Le front du refus des pays en développement qui, à Seattle, ont bloqué le lancement de la négociation du millénaire.
- La montée incontestable de «l'asiatisme» et la place nouvelle occupée par la Chine dans les affaires du monde.

Comme une image de synthèse, les intérêts et les exigences de la communauté mondiale se sont substitués aux mentras de la mondialisation.

Son ralentissement récent a fait apparaître dans un nouvel éclairage ses critiques concernant notamment:

- Les faiblesses du système international et l'urgence de sa rénovation.
- La mainmise des pays du G7 sur les institutions financières multilatérales.
- Les effets réducteurs de la mondialisation sur les régimes fiscaux des États en développement.
- La critique des politiques protectionnistes des États industrialisés.

Bref, exhaustif, incisif, le document intitulé « Nous les peuples » publié en juin 2000, et signé par Kofi Annan, est sans précédent dans l'histoire des Nations unies, et son retentissement a été considérable. Allégé des formules traditionnelles et des précautions diplomatiques habituelles, le document du secrétaire général juge sévèrement le système multilatéral et la mondialisation. Le premier lui apparaît « caduc » la seconde est identifiée à un « ouragan » et ses bénéfices sont appréciés comme suit :

– Ces derniers demeurent concentrés dans un petit nombre de pays, à l'intérieur desquels ils sont inégalement répartis. Et même dans ces pays « les gens se demandent qui tient les rênes… ».

– Ces derniers exposent le monde « à des forces méconnues et imprévisibles qui peuvent, du jour au lendemain, mener à l'instabilité économique et à la ruine sociale ». La crise financière asiatique de 1997-1998 en est un bon exemple.

– Ces derniers suscitent l'inquiétude d'un grand nombre quant à l'intégrité des cultures et de la souveraineté des États.

– Ces derniers reposent sur une philosophie qui fait de l'indépendance du domaine économique et de l'expansion des marchés l'alpha et l'oméga du développement des sociétés.

Se posant en porte-parole des « peuples du monde », Kofi Annan cherche à identifier les conditions susceptibles de maîtriser « l'ouragan de la mondialisation » pour qu'elle devienne « une force positive » pour tous les peuples du monde. Il s'agit notamment de :

– Lier à nouveau le domaine économique au tissu social et politique, et en conséquence éclairer la logique de la croissance et du développement à partir de ces trois inséparables.

– Conjuguer expansion du marché au niveau mondial et
objectifs sociaux en matière notamment de conditions
de travail, d'environnement, de droits de l'homme et de
lutte contre la pauvreté.

– Repenser les moyens de gérer l'action commune de la
famille humaine.

– Proscrire tout positionnement hégémonique, «aucun
état ne pouvant espérer venir à bout à lui seul de la
plupart des problèmes auxquels nous devons faire face
aujourd'hui».

– Conforter les États, leurs forces et l'efficacité des institutions nationales et adapter les institutions internationales «aux nouvelles réalités de l'époque».

Concernant la fonction de «gouvernance au niveau
mondial», Kofi Annan écarte «le spectre d'un gouvernement mondial» et plaide pour la démocratisation des
structures de décision des Nations unies et notamment du
Conseil de sécurité. Ce dernier reflète «la répartition du
pouvoir et des alliances de 1945» et «sa composition ne
correspond plus aux caractéristiques et aux besoins de notre
monde planétaire». Le ralentissement de la mondialisation trouve ici une autre explication dans la différenciation du temps scientifique, technologique, économique et
politique, plus précisément de celui requis pour réformer
les institutions internationales et les ajuster à la réalité du
monde tel qu'il est et qu'il est en train de devenir.

Bref, ce que la globalisation fait advenir est plus vaste
que la simple expansion du marché mondial.

Tout au long de ce journal, le besoin d'un «compromis exemplaire» entre l'outil du libéralisme économique
et les finalités d'un développement mondial inclusif est
apparu, majeur et déterminant pour les temps qui viennent.
Certains doutent de la possibilité même de ce compromis
exemplaire. Ceux-là croient à l'émergence à nouveau
d'idéologies recomposées à partir des matériaux du temps,
cette très ancienne exigence qui, à la fin du XIXᵉ siècle,

a transformé en redoutable puissance la radiographie socio-économique de l'époque. La radiographie est aujourd'hui étendue à l'ensemble de la planète. S'il est vrai que toute alternative semble lumineuse pour ceux qui n'ont rien à perdre, il apparaît indispensable de montrer que «le monde existe à nouveau» pour tous. Il s'agit de réduire l'incertitude dominante dans la complexité du «village planétaire» que nous habitons désormais. Tel est le principal enseignement politique et éthique de ce journal.

AGMV Marquis

MEMBRE DU GROUPE SCABRINI

Québec, Canada
2001